ちくま新書

大還暦
――人生に年齢の「壁」はない

島田裕巳
Shimada Hiromi

1747

大還暦——人生に年齢の「壁」はない【目次】

おわりに　226
「生涯現役」でありたい／「私のクライアントは完成をお急ぎではない」／「長く続けられるかどうか」が重要

はじめに

†のび続ける寿命

人生一〇〇年時代が訪れました。

これは、考えてみれば、人類が経験するはじめての事態かもしれません。

日本では、二〇二二年九月の時点で、一〇〇歳以上が九万人を超えました。一九七〇年にはわずか三一〇人でした。それ以来五二年連続でその数が増えています。

女性が全体の九割近くを占めていますが、男性も一万人を超えています。

年末には喪中はがきが送られてきますが、それを見ていても、亡くなる方の年齢がしだいに高くなっているのが分かります。これまで私が受け取ったはがきの場合、最高齢は一〇四歳でした。

私は一九五三年の生まれで、二〇二三年一一月八日には七〇歳を迎えます。七〇歳と言えば、「古希」のお祝いです。これは、中国の有名な詩人杜甫の「人生七十古来稀なり」に由来します。

杜甫は唐代の人物で、七一二年に生まれ、七七〇年に亡くなったとされます。五〇歳代後半で亡くなっているわけですから、その時代、七〇歳まで生きるのはたしかに希なことでした。

戦国時代に天下統一を目指した織田信長が、当時流行していた幸若舞《こうわかまい》の「敦盛」にある「人間五〇年、下天《げてん》のうちを比ぶれば、夢幻の如くなり」という箇所を好み、自ら舞ったことはよく知られています。この時代の認識では、人間の寿命は五〇年とされていたわけです。

歴史を遡れば、寿命はさらに短くなります。過去の平均寿命については統計調査などありませんから推定値しかありません。そうしたものによると、縄文時代で一五歳、平安時代で三〇歳と言われます。これは乳幼児の死亡率がかなり高かったからで、今の感覚とはかなり違うはずです。

一九二〇年（大正九年）から国勢調査も行われるようになり、平均寿命が統計として算出されるようになりました。最初の頃の調査では四〇歳代前半で、それが次第にのびるようになり、一九四七年に行われた戦後はじめての調査では、男女とも五〇歳を超えました。それでもまだ、「人間五〇年」ということばが現実のものだったのです。

現在の日本の平均寿命は男女とも八〇歳代です。それでも最近亡くなった著名人の年齢を見ていくと、九〇歳代というのがとても増えているように思えます。

七〇歳代で亡くなると、「まだお若いのに」と言われます。八〇歳代でも、「もっと生きられたはずなのに」と残念がられます。九〇歳代なら、ようやく「しかたがない」と周囲は受け取ります。

信長の生まれについては、天文三年五月一二日説と同月二八日説の二つがあるようです。当時のヨーロッパではユリウス暦が用いられていましたので、それぞれ一五三四年六月二三日と七月九日に当たります。

亡くなったのは天正一〇年六月二日で、これは一五八二年六月二一日に当たります。生まれはどちらにしても、亡くなったときの満年齢は四七歳でした。信長がタイムマシンに乗って現代に現れ、人生一〇〇年時代ということばを聞いたら、さぞやびっくりすることでしょう。

信長が亡くなってから四五〇年ほどになります。その間に、人間の寿命についてのとらえ方は、五〇年から一〇〇年へと倍になりました。日本の歴史の長さを考えれば、あるいは人類の歴史全体を考えれば、四五〇年はとても短いものです。終戦直後はまだ「人間五〇年」だったわけですから、八〇年近くの間に、大きな変化が起こったことになります。

ですから、私たちはまだ人生一〇〇年時代に慣れてはいません。長い人生をどうやって生きていけばいいのか、それに戸惑っているようにも思えます。

†長い人生、どう生きていけばいいのか

私のように、文章を書くことで生計を立てている人間には「定年」がありません。それが好ましいことなのかどうかは分かりませんが、多くの人たちは六五歳で定年を迎えます。その後も、年金では足らず、働き続けなければならないという人も少なく

ないでしょう。私も大学などに勤めていた期間が一〇年ほどしかないので、年金額を調べてみると、あまりにも少額なので驚きました。

なかには、大企業や官庁に長年勤めていて、生活をしていく上で十分な年金額の人もいるでしょう。私の同級生などにはそうした人間が少なくありません。そうなると、六五歳以降、長い老後が待っています。

仮に一〇〇歳まで生きるとしたら、老後の期間は三五年にも及びます。働き始めるのが一八歳、あるいは二二歳とすると、労働期間は四五年前後になります。労働に費やしてきた期間に比べれば、それよりは短いわけですが、老後が相当に長いことは間違いありません。

私の祖父は、父方も母方も七二歳で亡くなっています。昭和の時代のことですが、その時代の定年が六〇歳だったとすれば、老後は一二年です。寿命も短ければ、老後の期間も短かったわけです。父方の祖父などは最後認知症になってしまいましたから、健康だった老後の期間は一〇年にも満たなかったのではないでしょうか。

長い間仕事をしてきて、いざ定年を迎え、それからが一〇年にも満たない短さなら、やりたいことも十分にはできません。寿命が短いということは、健康である期間も短いわけですから、なおさらです。

現在はそういう時代ではなくなりました。人によってそれぞれですが、長い老後を持て余すような人もいます。寿命がのびたことが、果たして幸せなのかどうか、そこに疑問を持つ人もいるでしょう。

人間は、大昔から「不老不死」を求めてきました。それも、実際に寿命が短く、老いがすぐに訪れたからです。

もちろん、いくら人生一〇〇年時代を迎えたからといって、死ななくなったわけではありません。それは今後も変わりません。最後には必ずや死が待っています。死の前には老いや病いが待ち構えています。

仏教を開いた釈迦は、王族として何不自由ない生活を送っていたものの、若い頃に人間には老い、病み、死ぬ苦があることを知り、それで深く悩んだと伝えられています。これに生まれることの苦を加えた生老病死は、「四苦」と呼ばれます。釈迦が家族を捨ててまで出家したのも、この四苦から解き放たれたいと考えたからです。

生まれること自体が苦であるというのは、古代からあるインドの考え方です。人間は、さらに言えばあらゆる生き物は輪廻をくり返し、苦の生活を送り続けていかなければならないと考えられたからです。そこまで生まれることを嫌う感覚は日本にはありません。それでも、老病死が苦を生むことは間違いありません。

しかし、昔に比べれば、老病死の苦はかなり軽減されるようになってきました。少なくとも、それを軽くするさまざまな手立てを講じることができるようになってきました。

†宗教の衰退現象が進んだ

もし釈迦が、やはりタイムマシンに乗って現代に現れたとしたら、果たして出家して、解脱を求めたでしょうか。おそらくそうはならなかったはずです。善き父親として、妻とともに授かった子どもを育て上げていくことに力を尽くしたのではないでしょうか。

釈迦が出家をしないのであれば、仏教という宗教は生まれません。この点は、人生一〇〇年時代を考える上で、とても重要なポイントになります。仏教を含めた宗教というものが、時代とずれてしまうようになってきたからです。

私は長年宗教について研究をしてきました。それに関連して多くの本を出してきました。東大の宗教学科に進学したのは二〇歳のときでしたから、宗教学を五〇年にわたって学んできたことになります。

その間に、宗教をめぐる状況は大きく変わりました。今、宗教というと「原理主義」や「カルト」といったことばが浮かんでくるでしょうが、五〇年前には、そうしたことばは宗教学の世界でもほとんど使われていませんでした。その点では、世界情勢における宗教の重要性、あるいは危険性ははるかに増したと言えます。

しかし、一方で、特にこれは日本などの先進国について言えることですが、宗教の衰退という現象が五〇年間でかなり進んだことも事実です。

私が宗教学科に進学してすぐ、ゴールデン・ウィークの時期に学科旅行に奈良県天理市を訪れました。天理市は、戦前には新宗教のなかでもっとも大きく拡大した天理教の教会本部があるところです。

教会本部も三〇〇〇畳敷きの巨大な建築物ですが、その周囲には、「親里館《おやさとやかた》」や「詰め所」と呼ばれる天理教関係の建物がいくつも建っていました。五、六階建てですから、今の感覚で言えば、それほど高いものではありません。でも、まだ高層ビルなど珍しい時代です。私は、天理教の巨大建築物の群に圧倒されました。教会本部で行われる夕方の礼拝にも参列しましたが、おびただしい数の信者がそこに集まっていて、それにも驚かされました。

ところが、それから五〇年が経ち、現在の天理教では信者の数が減り、巨大建築物を維持するための費用の捻出に苦労するようになったと聞きます。これは一例ですが、他の新宗教の教団でも、あるいは神道や仏教の既成教団でも信者の数はどこも減少していて、同様の事態が起こっています。人生一〇〇年時代が訪れたことと、宗教教団が信者数を減らしていることの間には、どうやら密接な関係がありそうです。

宗教は、人類が誕生した当初の段階から存在するものと考えられます。大昔は文字がなく、文献史料がないので、それがどういうものだったかはっきりとは分かりませんが、考古学の発掘によって、人を埋葬した跡など、何らかの信仰が存在したことが明らかにされるようになっています。

それほど長い歴史を持ち、世界の動向に影響を与えてきた宗教が、現代になって力を失ってしまっているのです。これは重大な出来事で、私たちの生活にも大きな影響を与えています。

人生一〇〇年時代を、私たちはどのように生きていけばよいのでしょうか。その点を考えることが、この本のテーマになります。

通常なら、まずそうした時代の生き方についてふれ、その後に、死についてふれることになるでしょう。生き方が先で、死に方は後になります。

しかし、人生の終わりには必ず死が待ち受けているわけで、現代における死のありさまがどのようなものであるかをしっかりと見極めた上で、生き方を考えた方が焦点が定まってくるように思えます。

そこで、まず最初に死について考えていくことにします。私たちは死んでからどのようになるのか。来世や墓、葬式、そして実際に私たちはどのように死んでいくのかを見ていってから、人生一〇〇年時代の生き方を考えていくことにしましょう。

第一章　根本から死生観が変わった

†「死生観B」への大転換

最初に、「死生観」について見ていくことにします。私は、人生一〇〇年時代が訪れたことで、死生観が大きく変化したと考えています。

死生観とは、死や生についての考え方ということです。どのように生き、どのように死んでいくのか。そうした人間にとっての根本的な考え方に、変化が起こるようになったのです。これはかなり重要な変化です。

現在の観点からすると、死生観は二つに分けられます。「死生観A」と「死生観B」です。

ごく最近になって、AからBへの転換が起こってきた。そのように私は考えています。

死生観Aとは、人生一〇〇年時代が訪れる前の考え方です。その時代には、平均寿命も長くはなく、それこそ古希ということばが現実味を帯びていました。

六〇歳の還暦はなんとか迎えられるだろうが、七〇歳の古希となるとどうなるか分からない。八〇歳や九〇歳まで生き続けることは難しく、一〇〇歳など夢のようだという時代です。

その時代に平均寿命が短かったのは、乳幼児の死亡率の高さが関係していました。生まれても、すぐに亡くなってしまう子どもたちが少なくなかったのです。

無事に乳幼児の段階を乗り越えることができたとしても、一〇歳代や二〇歳代で亡くなる若者が少なくありませんでした。以前の日本では、結核によって若くして亡くなってしまう人たちが後を絶ちませんでした。ちょうど一〇〇年前に流行した「スペイン風邪」では、不思議なことに、高齢者よりも若い世代が多く亡くなっています。

さらに、事故で亡くなるということも珍しくありませんでした。インフラが十分ではなく、耐震などということもさほど視野に入っていませんから、風水害や地震で多くの人が亡くなりました。

戦争が続いていた時代には、徴兵され、戦場で亡くなる人も相当な数にのぼりました。靖國神社には、二四六万六五八四柱の英霊が祀られています。戊辰戦争以来の死者ですから、それだけ多くの人たちが戦争で亡くなったことになります。しかも、徴兵は若い世代から行われましたから、戦死者の多くは若者たちでした。

戦後でも、自動車が普及しモータリゼーションが起こると、それにつれて交通事故で亡くなる人の数も増えました。

病気や事故、そして戦争で亡くなることが多い。たとえ若い世代でも死に直面している。そんな時代が長く続きました。遡って考えれば、人類が誕生してから、ずっとそのような状態であったとも言えます。

「いつ死ぬか分からない」

そういう時代が現代までずっと続いてきたのです。私は、「いつ死ぬか分からない」と考える死生観をAとしてとらえています。

「いつ死ぬか分からない」というのは、人生一〇〇年時代に入っても、根本的には変わっていません。高齢まで生きる人が増えたからといって、そこに達しない年齢で亡くなる人がいなくなったわけではありません。子どもや若者が亡くなることだってあります。長く生きられるという保証はどこにもありません。それはこれからも永遠に変わりません。

しかし、人生一〇〇年時代になると、かなりの人が現実に長生きできるようになりました。乳幼児の死亡率は相当に下がり、日本では今のところ若者が戦死することもありません。

そうなると、私たちは「いつ死ぬか分からない」とはあまり考えなくなります。自分は無事に還暦や古希を迎え、さらにその先も生き続けるに違いない。そのように考えるようになってきたのです。

もちろん、人がいつ死ぬのか、その時期は誰にも分かりません。本人にも親しい人にも、それは分からないことです。

†人はいったいいつ死ぬのか

もし、死ぬ時期が分かったとしたらどうでしょうか。

それは三〇年ほど前のことになりますが、インドの「アガスティアの葉」というものが流行したことがあります。インド南部の占いの一種で、占いをしているところへ行くと、椰子などの植物の皮である貝葉《ばいよう》に、それぞれの人間の生まれる時から死ぬ時までですべてのことが記されており、それを見ると、死ぬ日まで分かるというのです。

同じ南インドにはサイババという聖人がいて、この人物にも注目が集まっていました。私はテレビ番組の取材で、サイババとアガスティアの葉の両方を訪れたことがあり、アガスティアの葉で実際に占ってもらいました。

そのときの占いの結果では、私の人生はこれから順調だということでした。私がオウム真理教事件でバッシングを浴び、大学を辞めざるを得なくなったのは、その直後のことです。

亡くなる年についても占ってもらいましたが、答えは曖昧でした。死ぬ日が特定されませんでした。高齢まで生きられるということだったのですが、こちらは当たっているのかどうか、今の時点では判断できません。アガスティアの葉の力を信じた人たちもいましたが、人がいつ死ぬかはやはり誰にも分からないのです。

それでも、高齢者の数が社会全体で増え、高齢者自身が自分の健康に自信が持てるようになると、自分もきっと八〇歳を超え、九〇歳くらいまで生きられると感じられるようになってきました。

実際、高齢でも現役で活躍している人が増えています。私は先日、ジャーナリストの田原総一朗さんと対談する機会がありました。『朝まで生テレビ!』などの司会者として有名な方ですが、対談した時点で田原さんは八八歳でした。しかも、誕生日の数日前のことだったので、数日後には八九歳になったことをご自身、ツイッターで発信していました。

私が田原さんにはじめてお会いしたのは、一九九一年に『朝まで生テレビ!』に出演したときです。その時点で田原さんは五〇歳代後半でした。さすがに、その時代とは違いますが、今も矍鑠《かくしゃく》としていて、受け答えもその時期と基本的には変わっていませんでした。

私もいろいろな方と対談をしてきましたが、間違いなく田原さんが最高齢です。田原さんには、たまに呼び出されて取材に答えたりしてきましたから、また対談の機会がめぐってくるかもしれません。

実は、田原さんのことを取材し続けている映画監督がいます。それが、ドキュメンタリー映画の奇才として名高い、原一男さんです。原さんともかなり長い付き合いで、彼が主宰している「CINEMA塾」に呼ばれて、何度か話をしたことがあります。

原さんから聞いたところでは、田原さんに対する取材は、田原さんが亡くなるまで続けるという話ではじまったそうです。原さんが撮った『全身小説家』は、小説家の井上光晴さんを追ったドキュメンタリーで、最後は、井上さんの死で終わります。原さんは、田原さんについても同じことを考えているようなのですが、対談のときの田原さんの様子からすると、映画の完成は相当先になるのではないでしょうか。

井上さんの方は六六歳で亡くなっています。原さんはその五年前から撮影を開始していて、その途中になるわけですが、井上さんは亡くなる三年前に癌告知を受けています。撮影を開始した時点では、井上さんの死で映画が完結するとは考えられていなかったことでしょう。

今の感覚では、六六歳での死はあまりにも早すぎます。しかし、死生観Aの時代には、そのくらいの年齢で亡くなることは珍しくありませんでした。

それに比較して、今は人生一〇〇年時代で、しかも、現役で活躍できる期間が相当にのびました。そうなると、死生観にも変化が訪れます。死生観Bの時代になったのです。

死生観Aの時代には、「いつ死ぬか分からない」と誰もが考えていたわけですが、死生観Bに転換すると、多くの人たちが自分は八〇歳を超え、九〇歳くらいまで生きられるはずだと考え、九〇歳くらいまで生きることを前提に人生設計をするようになりました。

これは永田宏さんという医療経済学者によるものですが、それぞれの年齢の人たちのうち、五〇パーセントの人、あるいは二五パーセントの人が、どれだけ生きられるのかを推計した数字があります（『週刊ポスト』二〇一八年一二月一四日号）。

それによると、私のような一九五三年生まれの男性は、五〇パーセントが八七・九歳まで生き、二五パーセントが九三・九歳まで生きるとのことです。これが同じ年に生まれた女性だと、二五パーセントは一〇〇・一歳まで生きられるようなのです。

この数字は、年齢が若くなるとさらに上がります。永田さんは一九八七年生まれまでしか推計していませんが、その年に生まれた女性になると五〇パーセントが一〇二・〇歳で、二五パーセントが一〇七・〇歳です。男性でも二五パーセントは一〇一・三歳です。さらに若い世代になれば、二五パーセントが一一〇歳まで生きられることになるのかもしれません。人生一〇〇年どころか、人生一一〇年なのです。

そんな状態になっているわけですから、多くの人たちが、自分は九〇歳まで生きることを前提とするようになってきました。そこに、死生観が根本的に転換する原因があります。

†『80歳の壁』は何を意味するのか

死生観Bについて、私は二〇二〇年に刊行した『捨てられる宗教——葬式・墓・戒名を捨てた日本人の末路』（SB新書）のなかで、「死生観Bにおいては、人生はスケジュール化されている。人生の終わりを九〇歳頃に想定し、そこから人生を逆算して考えるようになった。死生観Bの世界では、誰もがそうした発想をする」と書いています。

その後、ここに書いたことがまさに現実になったと感じさせる出来事が起こりました。

死生観Bを踏まえた医師の和田秀樹さんの本が、次々とベストセラーになってきたのです。和田さんとは以前、対談本を出したことがありますが（『宗教と精神科は現代の病を救えるのか？』ベスト新書）、高齢者医療の専門家です。

和田さんは、ずっと高齢者医療に関係する本を書いてきましたが、二〇二一年六月に刊行された『70歳が老化の分かれ道』（詩想社新書）は三五万部を超えるベストセラーになりました。その後、二〇二二年三月には『80歳の壁』（幻冬舎新書）を出しています。こちらは、二〇二二年の年間ベストセラーの第一位に輝きました。

幻冬舎の方は、出版社としてよく知られていますが、詩想社の方は、知っている方は少ないかもしれません。なにしろ編集者が一人しかいない小さな出版社です。たまたま、私はその編集者が独立して詩想社を立ち上げる前から知っていて、その縁で詩想社から三冊ほど本を出しています。幻冬舎になると、付き合いは長く、すでに一三冊出しています。

どちらも私にとってなじみの深い出版社の新書であるわけですが、注目されるのは七〇歳や八〇歳という年齢がタイトルのなかに含まれていることです。その後、和田さんは、五〇歳、六〇歳、六五歳、七〇歳、さらには九〇歳と、年齢を示した本を立て続けに出版し、どの本も多くの読者を獲得しています。

九〇歳まで生きるには、八〇歳の時点でどうすればいいのか。八〇歳まで生きるには、七〇歳をどう過ごせばいいのか。まさに、人生がスケジュール化されています。少し自慢をさせていただければ、私は、和田さんの年齢本がベストセラーになることを予言したとも言えます。和田さんは、それまでも高齢者医療の本を書いていますが、年齢を示してはいませんでした（『70歳が老化の分かれ道』の二カ月前に、朝日新書として『60代から心と体がラクになる生き方』を出していますから、それが最初だったのかもしれません)。

人生をスケジュール化する考え方は、古代からあります。

インドでは「四住期《しじゅき》」という考え方があって、人生を学生期《がくしょうき》、家住期《かじゅうき》、林棲期《りんせいき》、遊行期《ゆぎょうき》に分けます。学生期も、一般の勉強を意味するのではなく、宗教的な教えを学ぶ時期ですが、学び働いた後に、社会から身を引いて瞑想の日々を送り、最後はすべてを捨てて遊行しそのまま行き倒れになるのが、解脱を果たすために必要だとされたのです。

もっとはっきりと年齢による人生の段階を示したのが、儒教の創始者である孔子です。孔子の『論語』には、次のような有名なことばが出てきます。

子《し》曰く、
吾十有五にして学に志す。
三十にして立つ。
四十にして惑わず。

五十にして天命を知る。
六十にして耳順《した》がう。
七十にして心の欲する所に従いて、矩《のり》を踰《こ》えず。

「子」とは孔子のことで、そのことばを弟子が書き留めた形をとっています。自分は一五歳のときに学問を志すようになり、三〇歳で自立し、四〇歳のときには、いろいろなことに煩わされなくなった。五〇歳で、自分の生きる上での使命が分かり、六〇歳になると、人の言うことがどれも素直に聞けるようになった。そして、七〇歳になると、どんなことをやっても正しい道から外れることがなくなった、というのです。

孔子のことは、紀元前二世紀から一世紀に生きた司馬遷の『史記』に記されていますが、なにしろ紀元前六世紀から五世紀の人ですから、本当に実在したのかどうか、司馬遷の言うような人生を歩んだのかどうか、そこは定かではありません。その点では、今引用した部分は、孔子自身のことばであるというより、古代の中国社会において知識人が歩む理想を示したものとも考えられます。

どちらにしても、そこには、自分の人生の歩むべき道が格調高いものとして示されています。その点では、人生をスケジュール化する発想は古くからあると言えます。

しかし、孔子の時代には、いくらそうした理想の人生を思い描いても、七〇歳まで生きること自体が至難の業でした。孔子自身は七三歳まで生きたとされていますが、弟子の一人である顔回《がんかい》などは、三〇歳くらいで亡くなっています。ようやく自立した段階で死を迎えなければならなかったのです。

†スケジュールは大嫌い

現代において人生をスケジュール化する発想は、学校教育の普及と関係することでしょう。戦前までは、義務教育は小学校までで、多くの人たちにとって学校で教育を受ける期間は、人生のなかでもごくわずかなものでした。それが戦後、中学までが義務化され、高校、さらには大学まで進学する人が増えていきました。

高校や大学を終えれば、今度は就職です。多くの人たちが企業に就職するようになり、就職に至るまでがスケジュール化されてとらえられるようになりました。それぞれの段階が、次の段階に進むための準備過程と位置づけられ、そこでいかに頑張るかがどういった学校へ進めるか、さらにはどういった企業に就職できるかを決めると考えられるようになったのです。

そうした発想が、老後にも応用されるようになったと考えることができます。和田さんの本が示しているように、それぞれの年齢でどのような人生を送るかで、一〇年刻みの次の人生のあり方が変わってくる。六〇歳代は七〇歳代の準備期間で、七〇歳代は八〇歳代の準備期間となったのです。

それぞれの段階の年齢の壁を乗り越えるためには、事前にしっかりと準備をしなければならない。そうした考え方が生まれたのも、長寿が前提になってきたからです。長く生きられる可能性が低ければ、今を準備期間としてはとらえません。

学校から就職までもスケジュール化され、老後もスケジュール化されました。その中間の時期には、結婚し子どもを儲けるなら、子どもの人生がスケジュール化されています。それによって人生全体がスケジュール化されることになったのです。

長寿社会は、幸福をもたらしました。長く生きられるということは、それだけ現実の社会での暮らしが豊かで恵まれたものになったからです。病気になっても、病院にかかれば多くの病が治ります。以前は不治の病とされたものでも、治療の手段が開発されてきました。

しかし、人生一〇〇年時代が訪れ、それで万々歳かと言えば、必ずしもそうではないでしょう。人生がスケジュール化されることによって、それぞれの段階が次への準備と位置づけられ、努力することが求められるようになったからです。何かせかされている、そういう感覚が付きまとうようにもなってきました。

それは経済的な面でも言えます。老後の生活を送るには、かなりの金額が必要で、年金だけでは足りません。多額の退職金が手に入るならよいのですが、誰もがそうとは限りません。豊かな老後を送るには、それを可能にしてくれる資金が必要で、それを貯めておかなければならないのです。

常に先を考えて行動しなければならないのは、かなり面倒なことです。健康な状態で一〇年刻みの年齢の壁を超えられなかったのは、努力を怠ったせいではないか。そのように言われかねません。経済的な面でも同じです。不摂生がいけなかったのではないか、老後の資金を考えず浪費してしまったのではないか。自責の念が強まってきます。

それと比較したとき、死生観Aの時代は、なにしろ「いつ死ぬか分からない」わけですから、先のことを考えても仕方がないという状況でした。あまり先のことを考えなくてもいいというのは、気分としては楽です。「いつ死ぬか分からない」のだから、とりあえず「死ぬまで生きよう」。そのように割り切ることができました。今の社会では、「死ぬまで生きよう」という考え方では甘いとされてしまうのです。

スケジュールということばに拒否反応を示したのが、映画『ローマの休日』のヒロイン、アン王女です。オードリー・ヘプバーンが演じたアン王女は、滞在先の宮殿で就寝する際に、翌日のスケジュールの確認を伯爵夫人がするのに耐えられなくなり、爆発し、深夜のローマの街に一人で抜け出します。

彼女と出会ったグレゴリー・ペック演じるアメリカ人の新聞記者が、翌日、ローマのたった一日の休日を楽しもうとしている矢先に、スケジュールということばを口にすると、王女はそのことばは嫌いだと強く反発しました。

最後、宮殿に戻ってきた王女は、成長をとげていて、自らスケジュールということばを使うようになります。このスケジュールということばの使い方が、『ローマの休日』の鍵になるのですが（詳しくは、拙著『映画は父を殺すためにある』ちくま文庫を参照してください）、私たちは今、宮殿を抜け出す前の、あるいは抜け出した直後のアン王女と同じ立場に立たされていると言えます。

私たちの人生は今やスケジュール化されているのだと指摘されれば、随分面倒な世の中になったものだと反発する人もいるでしょう。確かに、それは不自由です。それでも、王女のように、スケジュール化された老後を受け入れるべきなのでしょうか。それを迫られているようにも見えますが、私たちは王女という公的な立場にあるわけではないのですから、必ずしもスケジュール化を受け入れなければならないというわけではありません。

†本当に壁はあるのだろうか

なんとか、「死ぬまで生きよう」という単純な考え方に立ち戻りたい。そのように考える人もいるでしょう。あまり先のことは考えずに、今を生きることに専念したい。その方が、はるかに気分は楽かもしれないのです。

もちろん、スケジュール化された人生を歩むことができるのは、世界のなかでも限られた国に生きる人間の特権です。平均寿命が短い国はまだいくらでもあります。そうした国では、乳幼児の死亡率も高く、若くして亡くなる人が少なくありません。戦争をしている国だってあります。

そうした国に生きる人たちからすれば、今日本人がおかれている状況は、うらやましいものに映るはずです。人生がスケジュール化されたことに悩む必要などないと言われかねません。長く生きられるようになったのなら、それを生かせばいいではないか。そうも言われることになるでしょう。

しかし、人間というものは、どのような状況におかれても、なにがしかの問題を見出し、それに悩むようにもできています。好ましい状態になってもそうなのです。そこが厄介なところです。

ですから、長くなった人生を持て余し、どう老後を過ごしていいかが分からない。

あるいは、一〇歳刻みでスケジュール化された老後を送るのは面倒だ。そんな悩みを抱えるようにもなったのです。

ただ、八〇歳の壁と言ったときの「壁」は、物理的なものではありません。八〇歳に達した人間の目の前に、実際に目に見える壁が立ち塞がっているわけではないのです。壁と感じるのは、そこに壁があると判断する自分です。

どうやらそのあたりに、一つの鍵がありそうです。いったん壁があると感じてしまうと、それにとらわれてしまいます。しかし、実は壁などないと思えれば、見方も変わってきます。目に見えない壁を乗り越えるのではなく、壁の存在自体を感じない。そうした方向に踏み出していく必要がありそうなのです。

では、人生一〇〇年時代の死に方・生き方のうち、「はじめに」でも述べたように、死に方から考えることにしましょう。最初に見ていくのは、死の先にある「あの世」についてです。

誰もが仏になれる

†宗教はどうして古びてしまったのか

最初に、死んだ後のことについて考えてみましょう。

大分傾向は変化してきましたが、今でも、亡くなった後に仏教式で葬られるケースが少なくありません。仏教では、極楽浄土に生まれ変わる「成仏」を重視し、そのために葬儀や法事を営むのですが、死生観の変化はこの点にも大きな影響を与えています。

仏教を含め世界中の宗教は、どれも死生観Aの時代に生まれたものです。今のところ、死生観Bの時代になって生まれたと言えるようなまったく新しい宗教はありません。

死生観Aの時代は、「いつ死ぬか分からない」わけで、高齢に達する前に亡くなる人が少なくありませんでした。それは、現世での生活が困難で苦しいものであったことを意味します。

そうした状況では、人生を終えた後に、よりよい世界に生まれ変わりたいという願望が生まれます。そこで来世の存在が説かれるようになりました。どの宗教でも基本的に、死後には現世で善い行いをした人間は天国に召され、逆に現世での行いが悪い者は地獄に落とされることが強調されるようになったのです。仏教だと、天国ではなく極楽浄土です。

日本人の来世についての考え方は、仏教と深くかかわっています。神道にも死後の世界は想定されています。『古事記』や『日本書紀』の神話には、死後に赴く「黄泉の国」の話が出てきます。

日本の国を生んだイザナギとイザナミの夫婦のうち、イザナミは火の神を産むことで亡くなってしまい、黄泉の国へ赴きます。イザナギは、妻を恋しいと思い、生きたまま黄泉の国へ行くのですが、イザナミはすでに蛆の湧くからだになっていて、連れ戻すことができませんでした。

この物語はよく知られています。他にも、日本神話のなかで、神が死ぬ話が語られています。ところが、黄泉の国に赴いたとされるのはイザナミだけです。古代の日本人は、黄泉の国にはあまり関心を持っていなかったようです。

黄泉の国は地下にあるとされており、そこには土葬のイメージが投影されています。火葬が行われるようになるのは、仏教が日本に伝えられてからです。釈迦は火葬されました。黄泉の国では蛆が湧くわけですから、それは好ましい世界ではありません。少なくとも、死後に行きたいと思わせる国ではないのです。

日本の神話には、天国にあたるようなものが登場しません。天には高天原《たかまがはら》がありますが、それは神々の世界で、人間が死後に高天原に赴くわけではないのです。黄泉の国も、穢い世界ではあっても、死者が苦しめられるわけではないので、地獄とも言えません。神道には、天国も地獄もない。そのように考えられます。

日本に仏教が浸透していく上で、神道とは異なり、明確に来世を説いたことは決定的に重要でした。仏教における来世信仰は、「浄土教信仰」という形をとり、平安時代の終わりからとくに盛んになっていきます。武士が台頭するなど、世の中が乱れるようになったことが影響していました。あるいは、仏の教えはあっても、悟りもなくなり、そのために修行する人間もいなくなる「末法」の時代が訪れたとされたことも、そこに影響しました。

日本の中世は平安時代の終わりからはじまったというのが、現在の歴史学の共通した認識です。中世における仏教界の中心にあったのが比叡山です。比叡山は、日本の天台宗の宗祖となった最澄が開いた山ですが、やがて仏教の総合大学の地位を占めるようになります。だからこそ、鎌倉時代に現れた宗祖たちは、皆、一度は比叡山で学んでいます。法然も親鸞も、栄西も道元も、そして日蓮も比叡山にのぼりました。

浄土教信仰も比叡山で盛んになったものですが、元は中国で生まれました。仏教はインドに発祥し、中央アジアを経て中国にもたらされました。それが日本にも伝えられたのですが、浄土教信仰はインドにはなかったものです。

インドの仏教においては、人間を含むあらゆる存在は輪廻転生をくり返していくとされました。死んでからどういった存在に生まれ変われるかは分かりません。どういった存在に生まれ変わったとしても、そこには苦が付きまといます。そこで、なんとか輪廻転生のくり返しから脱したい。そこに「解脱」という考え方が生まれ、仏教の世界では解脱へと至る道が探求されることになったのです。

一方でインドには、「生天《しょうてん》」という考え方もありました。生天は、輪廻転生する際に、よりよい世界に生まれ変わりたいと望むことを意味します。そのためには、しっかりと儀式を営む必要があります。仏教が生まれる前のバラモン教では、その点が強調されました。ただ、浄土のような明確な死後の世界は、インドでは説かれませんでした。

中国の場合には、仏教を取り入れる以前に、独自の宗教として道教がありました。道教では、仙人となり仙界に生まれ変わることが目標とされましたから、仏教もそれに影響され、現世の先にある浄土を説くようになりました。そこで浄土教信仰が生まれたのです。

浄土教信仰を説いた仏典が「浄土三部経」と呼ばれるもので、『無量寿経《むりょうじゅきょう》』、『観無量寿経』、『阿弥陀経』からなります。日本にも、こうした仏典が伝えられ、浄土教信仰が広まっていきました。

†強制された追善供養

日本において浄土教信仰を広める上で大きな役割を果たしたのが、比叡山の僧侶だった源信です。源信は『往生要集』という書物を著していますが、それは極楽往生を果たすためのマニュアル本としての性格を持っていました。

『往生要集』では、まず地獄のことが説かれています。「八大地獄」と呼ばれるもので、現世において犯した罪によって、どの地獄に落とされるかが決まります。一番罪が深い人間が落とされるのが無間地獄で、そこでは、永遠に責め苦が続きます。死ぬこともできないわけで、苦から逃れる手立てはありません。地獄については、世界のさまざまな宗教で説かれてきましたが、『往生要集』とダンテの『神曲』が双璧をなしています。その後の日本では、『往生要集』をもとにさまざまな「地獄絵」が描かれるようになります。

源信が地獄のさまを詳細に描き出したのは、地獄に落とされることがいかに恐ろしいかを突きつけ、極楽往生を果たしたいという願望を人々に強く抱かせるためでした。極楽往生の手立てとなるのが「南無阿弥陀仏」と唱える「念仏」です。念仏も中国から伝えられました。

日本に伝えられた大乗仏教は、釈迦の時代からかなり時間が経ってから生まれたものので、哲学的な宗教思想を含んでおり、かなり難解なものです。それを学び、過酷な修行を実践することは、誰もができるわけではありません。

それに比較したとき、ひたすら念仏を唱えることで極楽往生を果たすという方法は、はるかに簡単で、誰もが実践できます。浄土教信仰は、浄土宗を開く法然や浄土真宗を開く親鸞によって受け継がれ、日本全体に広がっていきました。

源信は、仲間とともに「二十五三昧会《にじゅうござんまいえ》」という念仏のための結社を作っていました。毎月決まった日に集まり、皆で将来の極楽往生を願って念仏を唱えたのです。仲間の一人が亡くなりそうになると、他の人間たちは周囲で念仏を唱え、仲間の往生を助けました。

さらに、「回向《えこう》」という考え方が浄土教信仰のなかに取り入れられるようになります。回向とは、経典などを唱えることで徳を積み、それが亡くなった人間に徳を加え、死者が少しでも早く極楽往生できるようになるというものです。これは、「追善《ついぜん》」とも呼ばれます。生者が死者に代わって善行を行い、それで死者を往生させようとするからです。

そうした考え方が生まれたのは、日本に仏教とともに取り入れられた儒教の影響でした。儒教では「孝」が重視され、先祖崇拝の重要性が説かれます。それが仏教にも取り入れられ、先祖を極楽往生させるには、追善供養を行う、つまりは法事をくり返す必要があるとされるようになったのです。

仏教の信仰は、最初、天皇や豪族など、社会の上層階級によって受け入れられます。それが、平安時代になると公家に広がり、さらに武家が台頭すると、武家にも広がっていきます。庶民層にまで浸透するのは、かなり後のことで、完全に定着するのは江戸時代になって「寺請制度」が確立され、それぞれの家が特定の菩提寺の檀家になることを義務づけられてからです。

江戸時代には、「神君様御《しんくんさまおん》掟《おきて》目《もく》十六箇条　宗門檀那請合掟《しゅうもんだんなうけあいのおきて》」という文書が広く出回りました。神君様とは徳川幕府を開いた徳川家康のことですが、それは、仏教への帰依を強制する内容をもつものでした。禁教とされたキリシタンや日蓮宗の不受不施派《ふじゅふせは》の信者として疑われたくないなら、寺の行事に参加し、寺の用事や修理、建立につとめ、葬式の際には一切を寺の指図に従い、住職から戒名をつけてもらい、先祖の仏事法要を怠ってはならないという掟です。

　この掟の写しは寺々に貼り出され、寺子屋の習字本にも使われたと言われますが、実際には、まったくの偽書でした。家康がそんな掟を発してはいないのです。

　しかし、寺にとっては、檀家が貢献してくれるわけですから、これほど都合のいい掟はありません。仏教信仰が庶民層に広がる上では、こうした問題のある手立ても講じられたのです。それだけ、庶民層にはまだ仏教の信仰が受け入れられていなかったことを意味します。

　追善供養の前提には、死者はすぐには極楽往生を果たせないという考え方があります。葬式をあげただけでは不十分で、その後、初七日からはじまって百箇日までの法事を行い、さらには一周忌からはじまって三回忌、七回忌という形で年忌法要をくり返していかなければならないとされたのです。

弔い上げといって、個別の死者に対する供養はそこまでとするやり方もあり、三十三回忌や五十回忌がそれに当たるともされました。それでも、相当の回数年忌法要をくり返さないと、死者は成仏できず、その魂はさ迷っていると考えられたのです。

†先祖はもうどこにもいない

このように、やる側にとってはかなり面倒なことが受け入れられたのも、死生観Aの時代には、寿命も短く、死者は十分に生きたとは言えないと考えられたからです。十分に生きたのなら、その間に徳を積み、それで極楽往生を果たせます。ところが、生きる期間が短ければ、徳は不足しており、子孫が追加してやらないと十分なものにはならないというわけです。

そこには、日本の社会のなかで家の存在がことさら重要だったことが深く関係しています。農家や商家に典型的に見られるように、生活を成り立たせる上で家は不可欠の存在でした。一人では農業も商業も営めません。家はたんに生活の場であるわけではなく、職業を実践するための場でもあったのです。生活を成り立たせるには、家をもり立て、それを子孫に受け渡していかなければなりませんでした。

先祖供養が重視されたのも、それが関係します。その家を起こした、あるいは家を守ってきた先祖を大切にすることが子孫の義務である。そうした感覚が広まったのです。年忌法要をくり返すのも、そのためでした。

こうした家の重みは、多くの人たちが企業などに雇用されるようになると、失われていきました。戦後の社会では、雇用される人間が大幅に増えました。サラリーマン社会が到来したのです。そうなると、家は仕事と切り離され、たんなる生活の場、憩いの場になっていきました。

サラリーマン家庭においては、先祖は必ずしも重要な存在ではありません。農家なら、その生活を支える田畑を開いた先祖は、子孫にとって恩義のある重要な人物です。子孫は先祖に恩があるわけです。

ところが、仕事を親から子へと受け継いでいかないサラリーマン家庭では、先祖は格別重要ではありません。政治家や実業家、あるいは伝統芸能の家など、世襲で受け継がれてきた家では、今でも先祖は重要です。でも、そうした家は、今や一部に限られています。

農家だと「仏間」があり、そこには立派な仏壇が備えつけられています。仏間は、隠居した高齢者の生活の場でもあり、自分もまた先祖の仲間入りをするまで先祖供養を続けるのです。サラリーマン家庭にはそんな仏間などありません。仏壇さえないという場合も少なくありません。

そうした生活環境の変化も大きく影響していますが、人生一〇〇年時代の到来は、追善供養を意味のないものにすることに決定的に貢献しています。

子孫が善を追加しなければならないのは、人生が短く、生前に善を積むことができなかったからです。子孫の側には、先祖が十分に生きられなかった、それを残念に思っているに違いないという感覚がありました。

ところが、八〇歳はともかく、九〇歳、一〇〇歳で亡くなったのであれば、子孫は、死者は十分に生きた、満足して死んだはずだと考えるようになります。極楽往生を果たすために、不足があるとは考えません。高齢まで生きたことで、往生の条件は十分に整っている。そのように思えてくるのです。追善供養という枠組み自体が、現代においては通用しなくなっていると言えます。

ですから、最近では、年忌法要の回数が激減しています。一周忌さえやらない場合も増えているようです。そこにはコロナが流行した影響もありますが、たとえそれがなくても、年忌法要をしない家は増えてきたはずです。

亡くなる本人にしてみれば、さらにもっと健康で生き続けたかったという思いもあったかもしれません。けれども、供養をする子孫の側には、その感覚はそれほど強くないはずです。

浄土をイメージすることも難しくなってきました。現世の生活が好ましいものであるなら、それをはるかに上回るほど素晴らしい来世を想定することができなくなります。

今、死後にどういう世界に生まれ変わりたいかを尋ねられたとしたら、多くの人は返答に困るのではないでしょうか。実はそれは、昔からのことでもあります。私たちは、地獄の苦しみを想像することはいくらでもできますが、浄土について思い描くことは難しいのです。「浄土図」といったものも伝わっていますが、そこには多くの仏の姿が描かれているだけで、果たしてそんな世界に生まれ変わりたいと思うのかどうか、そこには疑問がつきまといます。

死生観Bの世界では、死後の追善は不要で、亡くなった時点で、死者は成仏していると考えてもよいのではないでしょうか。死がそのまま極楽往生になるのです。

†最澄の野心的な試み

これは決して突飛な発想ではありません。振りかえって考えてみるならば、誰もが成仏できるという教えは、仏教のなかにありました。日本でそれを強調したのが比叡山を開いた最澄でした。

日本には六世紀に仏教が朝鮮半島から伝えられ、その後次第に社会に浸透していきます。奈良時代には、東大寺に大仏が造られ、盛大な開眼会が営まれました。国を守るためには仏教の信仰が不可欠である。そういう意識が強まったのです。

ところが、当時の日本の仏教界では大問題が発生しました。仏教では、僧侶になるために戒律を授けられる必要があります。それは中国で生まれた考え方で、戒律を授けるのが「戒師」です。日本に、その戒師がいないことに、仏教界は気づいたのでした。戒師が不在であるということは、正式な僧侶がいないことを意味します。これは大変なことです。

そこで、日本人の僧侶（その時点では自称僧侶ということになるわけですが）が中国に派遣され、戒師を探しました。そこで見出されたのが鑑真で、鑑真は初めての戒師として日本に渡ることになりました。鑑真は相当に苦労して日本にやってくるのですが、これによって東大寺などに戒律を授けるための戒壇が設けられます。これで正式な僧侶を生む体制が整えられました。

鑑真は、中国にいたときに、戒律について詳しく学んでいただけではなく、同時に天台智顗《ちぎ》がはじめた中国天台宗の教えも学んでいました。ですから、天台宗関係の書物を日本にもたらしました。

それを読んで、天台宗の教えに飛びついたのが最澄だったのです。天台宗では、

『法華経』が中心で、この経典ではすべての存在が仏になれることが強調されています。それまで日本に伝えられた仏教では、修行の仕方によって悟りへと至る道には三つの種類があり、誰もが仏になれるわけではないとされていました。

最澄は、誰もが仏になれるのなら、僧侶になるときに多くの戒律を守る必要はなく、一般の在家に課せられるのと変わらない「大乗戒」で十分だと主張するようになります。そして、比叡山に大乗戒を授けるための「大乗戒壇」を設ける許可を朝廷から得ようと試みました。

この試みは、東大寺や興福寺といった奈良の仏教界からは反発を受けました。比叡山に戒壇ができれば、東大寺の戒壇の権威が失われてしまうからです。ですから、朝廷も大乗戒壇の設立を簡単には許しませんでした。

そこで最澄は、大乗戒壇で受戒した僧侶の質を保証するために、比叡山で僧侶になるには一二年間にわたって山を下りずに修行する「十二年籠山《ろうざん》」を課すことになりました。

ある意味これは妥協策です。誰もが仏になれるなら、長期にわたる厳しい修行など必要ないからです。これによって比叡山は修行の場にもなり、名高い千日回峰行《せんにちかいほうぎょう》をはじめ、さまざまな修行が実践されるようになっていきます。

そうした難しい問題も生じたのですが、最澄の教えの根本には、誰もが仏になれるという考え方があります。誰もが仏になれるのであれば、修行が不要なのはもちろん、年忌法要を重ねて成仏させる必要もないはずです。

年忌法要の考え方の背景には、道教の教えがあります。道教では、死後の世界には一〇人の王がいて、死者はその王たちによって裁かれるという教えがありました。それが仏教にも取り入れられ、初七日に一〇人の王の一人である秦広王《しんこうおう》に裁かれるのかからはじまって、三回忌には五道転輪王《ごどうてんりんおう》によって裁かれるという信仰が成立しました。これが「十王信仰」です。

道教の影響で生まれたものですから、インドにはない中国独特の教え方です。仏教は、道教の力を借りて、年忌法要を正当化する理論を築き上げていったのです。

平安時代に浄土教信仰が説かれるようになったのも、それは比叡山で行われたわけですから、最澄の教えの根本に戻ろうという精神にもとづいていたと考えられます。

さまざまな修行をしなくても、念仏さえ唱えれば成仏することができるというわけです。

これを理論化したのが鎌倉時代の法然でした。法然の主著は『選択本願念仏集』ですが、そこでは、極楽往生を果たすためには念仏さえ唱えればよいのであって、他の修行は必要ないとされています。

ただ、実際にこの著作を法然が書いたのかどうかは議論のあるところです。その場には、法然もいたようですが、『選択本願念仏集』を実際に書いていったのは、法然の弟子たちでした。法然はどうも本を書く才能がなかったようです（この点については、拙著『新解釈　親鸞と歎異抄』（宝島社新書）を参照してください）。

†年忌法要は、要らない

その点はともかく、法然の弟子たちのあいだには、二つの考え方が生まれます。それが「一念義」と「多念義」です。一念義の方は、生涯においてたった一度でも念仏を唱えれば、それで極楽往生がかなうという考え方でした。一方、多念義の方は、生涯にわたって念仏を唱え続ける必要があるというものです。

一念義の考え方に従うならば、どんな悪人でもたった一度念仏を唱えれば、それで極楽往生が果たせることになります。その点で、一念義は相当に過激な教えで、当時、法然の一門が弾圧を受ける原因の一つにもなりました。

しかし、何度も念仏を唱えることと、たった一度唱えることとの間にどんな違いがあるのか。そうした問いを突きつけられたら、誰もが返答に困るはずです。

誰もが仏になり、極楽往生を果たすことができる。ならば、修行することはもちろん、年忌法要などの儀礼も不要です。今の日本社会は、そちらの方向にむかっていると言えます。ならばそれは、最澄の教え、さらには『法華経』の教えに戻ることでもあります。決して奇抜な考え方ではないのです。

法然の弟子と称した親鸞には、恵信尼《えしんに》という妻がいました。恵信尼が娘の覚信尼《かくしんに》に送った手紙が残されています。長くその手紙の行方は知れなかったのですが、大正時代に西本願寺の宝物庫から発見されました。

その手紙のなかに、親鸞が恵信尼に語ったこととして、世の人々を救おうと浄土三部経を千部読もうとしたところ、念仏だけがすべてだと、自分も信じ、人にも説いて聞かせてきたことに反すると気づき、それを中止した話が出てきます。親鸞は自分で救われようとする「自力」の信仰を否定し、阿弥陀如来にすべてを委ねる「他力」の信仰を強調してきました。経を読むという行為は自力にあたり、そうした行為に及ぶのは、まだ自分のなかに自力の信仰が残っている証拠だとして、それを戒めるべきだとしたのです。

阿弥陀如来が、まだ完全に悟りを開いていない菩薩であった時代に、念仏を唱えた者がすべて救われるまで、自分は如来にならないという願をかけたというのが、浄土三部経の一つ『無量寿経』に説かれたことです。法然も親鸞も、そこに信仰の基礎をおいていました。

そうした立場からすれば、年忌法要は自力の信仰にもとづくものです。どんな人でも、これまでの生涯において、「南無阿弥陀仏」の念仏を唱えた経験はあるでしょう。浄土教信仰の立場からも、私たちの極楽往生は間違いないのです。

もちろん、理論的な根拠が失われてきたとは言え、年忌法要を行うことがまったく無意味なわけではありません。故人を偲んで、子孫が集まる機会は限られています。親が亡くなると、兄弟姉妹が集まることも希になります。その希な機会を年忌法要が与えてくれている面はたしかにあります。

ですから、追善などという考え方を持ち出さずに、その点で割り切って考える必要があるのではないでしょうか。あくまでそれは、生者のためにやる。生きている者同士の人間関係を継続させ、円滑にするための儀式として考えるべきではないでしょうか。

もう死者は、誰もが極楽往生できる。年忌法要は不要である。

こうして死後のことが整理されたところで、次には死者が入ることになる墓の問題を扱うことにしましょう。

第三章　「墓ブーム」は終わった

†急増する「墓じまい」

最近では、新しく墓を建てるよりも、すでにある墓を始末する「墓じまい」が増えています。そこにも、死生観の変化がかかわっていますが、墓が実はブームの産物だったことは、まだ十分には認識されていません。

そもそも私たちはなぜ墓を造り、それを守ってきたのでしょうか。

「先祖を供養するためです」

「遺骨を納めるためです」

そうした答えが返ってくるはずです。

しかしなぜ、それが墓でなければならないのでしょうか。

日本では、「墓地、埋葬等に関する法律」が定められています。これは敗戦から間もない一九四八年に制定された法律で、「墓埋法《ぼまいほう》」と略称されます。

この法律で重要なのは第四条です。そこには「埋葬又は焼骨の埋蔵は、墓地以外の区域に、これを行ってはならない」と記されています。さらに、その二として、「火葬は、火葬場以外の施設でこれを行ってはならない」とされています。

墓地を営むには、地方自治体から許可を得なければなりません。誰もが墓地を造りそれを運営できるわけではなく、地方自治体以外には、宗教法人や公益法人でなければ認められません。株式会社だと永続性が保証されないからです。火葬場の設置にも許可が必要ですが、こちらは株式会社でも可能です。

よく「民間の霊園」という言い方が使われます。ただそれは、宗教法人や公益法人が運営する墓地のことで、広告などを見ると、小さく宗教法人である寺の名前が書かれていたりします。

ただ、民間の霊園の場合には、「宗教・宗派を問わず」とされ、運営の主体になった寺と壇家関係を結ぶことは求められません。壇家関係が求められるのが「寺院墓地」の場合です。

日本は火葬大国で、最近の火葬率は九九・九七パーセントにまで達しています。埋葬の方法としては、火葬以外に土葬や水葬があります。土葬は全面的に禁じられているわけではないのですが、多くの自治体ではそれを許さなくなってきました。ですから、数が激減したのです。水葬は、遠洋航海などで人が亡くなった場合の臨時の処置になります。

墓埋法の規定では、埋葬は土葬でも火葬でも墓地以外に行ってはならないとされています。火葬した場合、骨が残り、遺族はそれを引き取ることになります。遺骨は骨壺におさめられます。

自分の家に墓がある場合には、その墓に遺骨をおさめることになります。ところが、世の中には墓を持っていない家がかなりの数あります。そうなると、新たに墓を買い求めなければなりません。

しかし、墓は決して安い買い物ではありません。墓地のある場所や、墓の規模によって価格は大きく変わってきます。東京の都心に墓を買うとなれば、相当な額を支払わなければなりません。都営霊園ではありますが、青山霊園の場合、一区画が一〇〇〇万円程度になります。それでも、抽選に当たらないと、新たに青山霊園に墓を設けられない状況にあります。

高価な墓を買い求められる人はごく限られているわけですが、一般の人が買い求めるものでも一〇〇万円から二〇〇万円は軽くします。一〇〇万円以下に抑えるのはかなり難しいのではないでしょうか。相当に高価な買い物です。

「墓を買う」という言い方をしてきましたが、実は墓は買うことができません。「永代使用料」というものがありますが、これは、賃貸物件の敷金礼金にあたるもので、他に家賃にあたる「管理料」が必要になります。管理料の支払いを怠ると、それは「無縁墓」となり、処分されます。

買ったのなら、資産としての価値がありますが、墓を建てる場所を借りているだけなので、墓を返還しても永代使用料は戻ってきません。「永代」はとこしえを意味しますが、条件を満たさなければ、とこしえに墓とすることはできないのです。

管理料を支払うのは、墓に葬られた人間ではありません。それを負担するのは、多くの場合子どもなどの子孫です。「墓守」ということばがありますが、墓守がいなければ、墓を維持することはできないのです。したがって、新たに墓を買い求める際には、生前の場合であっても、管理料を支払い続ける墓守がいるかどうかの確認を求められます。

†土葬時代に庶民に墓はなかった

墓埋法では、埋葬するなら墓地でなければならないと規定されてはいても、墓を必ず買い求めなければならないとしているわけではありません。

しかし、火葬すれば必ず遺骨が残るわけで、それを埋葬するとなれば、墓を買う必要があります。実質的に墓を買うことが強制されていると見ることもできます。

墓埋法の第一条には、「この法律は、墓地、納骨堂又は火葬場の管理及び埋葬等が、国民の宗教的感情に適合し、且つ公衆衛生その他公共の福祉の見地から、支障なく行われることを目的とする」と記されています。

ここで公衆衛生ということが言われているのは、墓地以外の場所に勝手に土葬すると、衛生上の問題が生じると考えられたからです。

ただ、遺骨の場合なら、どこに埋葬しようと、衛生上の問題は起こりません。しかし、どこにでも遺骨が埋葬されたら、それを迷惑と感じる人は少なくないはずです。そうなると、「宗教的感情」に適合しない可能性が出てきます。

墓埋法が制定された頃の火葬率は、まだ六〇パーセント程度で、土葬も少なくありませんでした。私は一九八〇年代はじめに山梨県内の山村の宗教調査に参加したことがありますが、その村も土葬でした。

墓埋法が制定されて以来、火葬率は上昇を続けてきました。そこには都市化が影響していますが、火葬の波は山村にまで及んでいます。

私の調査した山村も、今では火葬です。よほどの僻地でないと土葬は行われなくなりました。私の知り合いから聞いた話ですが、その方の実家がある広島県内の村では、火葬すると、他の村人から叱られるということです。果たして今でもそうした慣習が続いているのでしょうか。

火葬がこれだけ普及したために、土葬がどういうものか、知らない人も増えています。土葬は気持ちが悪いと考える人も増えているようです。

土葬する場合、地域にある共同墓地に埋葬することになります。遺体は棺桶におさめます。土葬に使われる棺桶には二つの種類があります。座棺と寝棺で、座棺は遺体を座った状態でおさめ、寝棺は寝かせます。

どちらの棺桶を使うにしても、故人の家から共同墓地まで葬列を組んで運ぶことになります。土葬の際には、この葬列がもっとも重要で、近隣の人たちが棺桶の担ぎ手となり、親族が参加して列を組みます。それを村人が総出で見送るのです。

葬列が墓地に向かう前の段階で、墓地には穴を掘っておきます。棺桶が入るくらいの大きな穴ですから、数人がかりで掘ることになります。かなりの重労働です。その穴に棺桶を下ろし、上に土をかけることになります。

埋葬した場所には、木で造られた簡単な墓標をさしておきます。共同墓地では、個別に分かれているわけではなく、次々と埋葬されますから、最近埋葬したことが分かるようにしておくのです。

埋葬から時間が経てば、棺桶は腐り、遺体も腐っていきます。そうなると、土が陥没していきます。山梨県の山村では、そうした光景を目撃しました。子どもたちがそこで遊んでいて、「この下に、私のお祖母さんが埋まっているのよ」と言っていました。

地面が陥没するわけですから、そこに石塔を建てることはできません。墓を造るなら、別の場所に設けなければなりません。これが、「埋《う》め墓《ばか》」と「詣《まい》り墓《ばか》」の区別を生むことになりました。ただし、一般の庶民の場合には、埋め墓に埋葬するだけで、詣り墓を設けたりはしませんでした。そうした墓をわざわざ設けるのは、村のなかでも庄屋や村長をつとめた有力な家だけだったのです。

庶民の家には墓はなかった。それが土葬時代の基本的なあり方です。詣り墓を設けても、いったん土葬した遺骨を掘り出して安置するということも、ほとんど行われませんでした。死んでも墓はない。遺骨は墓には安置されない。そうした時代が長く続いたのです。それに、たとえ詣り墓が設けられても、それはあくまで個人を供養するためのもので、家の墓ではありませんでした。

たとえば、私が住んでいるところの近くに招き猫で有名な豪徳寺があります。今は世界的な観光地になっていて、外国人の姿を頻繁に見かけます。

豪徳寺は、彦根藩の藩主であった井伊家の江戸における菩提寺です。そこには墓所があり、二代藩主の井伊直孝、桜田門外の変で暗殺された一三代藩主の井伊直弼をはじめ六人の藩主やその正室、側室、子息子女などが埋葬されています。どれも個人の墓で、井伊家の墓に一緒に埋葬されているわけではないのです。

江戸時代に火葬された場合、多くは火葬した場所に埋葬されました。甕などに納めて埋葬したようですが、遺骨を墓に安置する慣習はまだ成立していなかったのです。

ところが、現代になると、火葬が普及し、火葬された遺骨は骨壺に入れられ、遺族に渡されるようになりました。そうなると、骨壺に入った遺骨を墓に埋葬しなければならなくなったのです。

†火葬するから墓が要る

遺族に引き渡される遺骨の量は東日本と西日本でまったく違います。これは知らない方もいるかもしれません。

東日本では「全拾骨」といって、遺骨のほとんどが遺族の手に渡されます。骨の量が多くて骨壺に入りきらないときに、残骨が火葬場によって処分されることはありますが、基本は全拾骨です。

それに対して、西日本では「部分拾骨」で、全体の三分の一程度しか遺族には渡されません。残骨は火葬場が処分します。

したがって、東日本と西日本では骨壺の大きさがかなり違います。さらに西日本では、大小の骨壺を用意し、二つに分ける慣習もあります。大きい方は家の墓に納め、小さい方は、その家の宗旨にあった本山に納めるのです。

では、残骨はどこへ行くのでしょうか。

横浜市の鶴見には總持寺《そうじじ》という有名な寺があります。永平寺と並ぶ曹洞宗の大本山です。ただ、現在地に總持寺が移ってきたのは一九一一年のことで、それ以前、總持寺は石川県の輪島にありました。鶴見に移った後、そちらの方は總持寺祖院と呼ばれるようになりました。

輪島の總持寺祖院には、「全国火葬場残骨灰諸精霊永代供養塔」があり、残骨はそこで埋葬供養されています。ただ、供養塔が建立されたのは一九九九年度のことで、それ以前はどうしていたのかよく分かりません。總持寺祖院の境内には広大な用地が確保されているとのことですが、すべての残骨が持ちこまれるのかどうか、はっきりしないところはあります。

なぜ東日本と西日本で拾骨する量が違うのでしょうか。それについて研究した人たちがいます(日本葬送文化学会編『火葬後拾骨の東と西』日本経済評論社)。研究の結果、基本的に糸魚川 - 静岡構造線を境に分かれることははっきりしたのですが、理由を突き止めることはできませんでした。今もってこれは謎です。

東日本で多く用いられる「八寸」の骨壺は、高さ二九・〇センチ、幅・奥行き二五・二センチです。西日本で一般的な「五寸」だと高さ一七・五センチで、幅・奥行き一五・五センチです。かなり大きさが違いますが、どちらにしても、それなりに存在感があります。

その家に墓がなければ、骨壺を自宅においておくしかないわけですが、存在感のある骨壺は、「墓に納めてくれ」と無言の圧力をかけてきます。

火葬が普及し、遺骨が骨壺に入って戻ってくるようになったことで、それを納める墓の需要が高まりました。最初火葬が普及したのは都市部でのことですから、骨壺を墓石の下のカロートに納める埋葬の仕方は都市部から広まりました。墓石とカロートからなる墓はかなりの大きさになりますから、個人墓というわけにはいきません。そこで家墓となり、墓石には「○○家先祖代々之墓」などと刻まれるようになったのです。

こうした種類の家墓は、決して古くからのものではないのです。先祖代々と言っても、多くの場合、それほど昔の先祖の遺骨は安置されていないはずです。骨壺がたった一つということもあるでしょう。

戦後、こうした家墓が都市部を中心に多く造られていく背景にはいくつかの要因がありました。

一つはマイカーの普及です。高度経済成長の時代はモータリゼーションの時代でもあり、多くの人たちが自家用車を購入するようになりました。

都心に墓を設けるには多額の資金が必要になりますし、近郊にある自宅近くでもかなりの額が必要です。となると、より安価な墓地を郊外に求めるようになりました。住んでいる場所からは遠く、しかも、墓地は交通の便がよいところにはないのが普通です。すると、マイカーで墓参りに行かなければなりません。マイカーの普及が、郊外に墓を買い求めることを可能にしました。郊外にドライブするわけですから、墓参りはレジャーの一つともなったのです。

†墓はブームだったのだ

もう一つ、墓石のことがあります。昔の詣り墓は主に大谷石が用いられました。大谷石は加工がしやすい分、時間の経過とともに劣化してしまいます。

一度、栃木県宇都宮市にある大谷寺に参拝したことがあります。そこには平安時代に造られた大谷観音などの大谷石の石仏があります。そちらは観音堂のなかにありますが、一九五四年に建立された高さ二七メートルの平和観音は屋外にあります。歴史の古い大谷観音が劣化しているのはもちろんですが、平和観音も建立された当初の姿を保ってはおらず、実際に建立された年よりも、はるか昔に造られたのではないかと思わせる状態になっています。

今墓を建てるとしたら、劣化しやすい大谷石ではなく、御影石など簡単には劣化しない石が使われます。しかし、劣化しない石の加工はどうしても難しくなります。戦後、人工ダイヤモンドが開発され、それで御影石も切ることができるようになったのです。

また、中国などから安価な御影石が輸入されるようになったことも、御影石の墓石を普及させることにつながりました。日本産のものだと相当に高価です。

こうした条件が整ったことで、墓を建てることが一種のブームになったのです。そこには、都市部に出てきた人たちの家でも死者が出るようになったことが関係していますす。単身で出てきた人たちも結婚し、地方から親を呼び寄せたりすることで、死者を葬る機会が生まれたのです。

一九八〇年代後半から九〇年代にかけてのバブルの時代には、地価があまりに高騰したために、自分たちが住む住宅を購入することが難しくなり、せめて「終の住み処」となる墓だけは確保しておこうという意識を生み、それがまだその家に死者がいない段階で墓を購入することに結びつきました。

亡くなった人間を葬る慣習は大昔からあります。縄文時代の遺跡である青森県の三《さん》内《ない》丸山遺跡に行ってみると、墓の跡が発掘されています。遺体は甕におさめられて埋葬されていました。動物だと、たとえ仲間が死んでも、それを葬ることはありません。しかし、人間の場合には、相当に古い時代から埋葬の慣習が成立していたのです。

しかし、現代に多く見られるようになった形の墓は、御影石を使った先祖代々之墓ということになりますが、決して歴史の古いものではありません。要するにそれは戦後の高度経済成長の時代以降に生み出されたものです。伝統にのっとっているというより、戦後のブームが生み出したものなのです。

私が三内丸山遺跡を訪れたのは、青森県に葬送関係のことで講演に行ったときでした。そのとき、私を呼んでくれた人たちから、「位牌堂」のことを教えられました。そのときはじめて聞いたので、見学もさせてもらったのですが、位牌堂は寺の境内にありました。

位牌堂のなかに入ると、そこは納骨堂のようになっていました。たくさんのロッカーがあり、それが何段にもなっています。奥には本尊が祀られていて、その近くにあるものは大きく、その分値段がはるようでした。

位牌堂と納骨堂の違いは、納骨堂には遺骨が納められていますが、位牌堂では遺骨はなく、位牌だけが祀られているところにあります。それぞれの家が、位牌堂に自分の家の位牌を祀り、それを供養するのです。

私を案内してくれた人が言うには、家には仏壇があり、位牌堂もある。さらには墓もあって、その維持が大変だというのです。

では、なぜ位牌堂があるのでしょうか。青森では冬は雪が積もり、墓に参ることができなくなるので、位牌堂があるのではと言っていましたが、おそらくそうではないでしょう。以前は仏壇と位牌堂が供養の対象になっていて、墓はなかったのです。それが火葬が普及することで墓を建てるようになり、それで供養する場が増えたのです。

地方でも、しだいに火葬が普及するようになり、都市部と同じように御影石を使った墓を建てる慣習が広がっていきました。地方の村などに行ってみると、同じ規格の御影石を使った立派な墓が建ち並んでいる墓地を見かけることがあります。これは最近になって、一斉に墓石を建てたものでしょう。格差が生まれないよう、規格を統一したのです。

ところが、最近では「墓じまい」が広く行われるようになってきました。墓が故郷の実家にあって管理ができない、墓守がいない、そうした理由で墓を処分するのです。墓石を販売し、墓を建てるのは石屋さんの仕事ですが、最近では、墓を建てる家が少なくなり、もっぱら仕事は墓じまいによる墓石の処理になっているという話も聞くようになってきました。

†「〇葬」なら墓じまいも要らない

墓じまいをするなど、先祖に申し訳がない。そう考える人もいるかもしれません。しかし、先祖代々之墓が普及したのは戦後になってからのことで、決してそれは古くからの慣習ではありません。ブームによるものなのです。墓を建てることがブームであったからこそ、一時期しか続かず、今になるとそれを持て余し、墓じまいが増えたのです。

墓ブームが起こった戦後は、サラリーマン家庭が増え、その分、家は経済を支える場ではなくなり、継承していく必然性のないものに変わりました。にもかかわらず、家を受け継いでいく跡継ぎを必要とする墓が流行したのです。そこに大きな矛盾がありました。墓を建てた人たちは、その墓が将来、子孫の負担になり、あるいはそれを守っていくべき子孫がいなくなるとは想定しなかったはずです。

最近では、新たに墓を買い求める人たちは減りました。将来、墓じまいしなければならないことが予想されるからです。

その代わりに、樹木葬や納骨堂、あるいは自然葬や海洋散骨といったやり方を選択する人が増えています。

ただ、樹木葬が墓であることには変わりません。墓石が樹木になっただけです。納骨堂は期限が切れれば合祀されるので、墓守の確保は不要です。それでも、十分な数が集まらず、倒産したようなところも出てきています。

自然葬や海洋散骨になると、「自然に還る」というイメージがあります。それは、樹木葬の場合にもあります。

ところが、今の遺骨はしっかりと焼かれ、表面がセラミック状になっているので、海や山に撒いても、土に還るまでには膨大な時間を必要とします。撒いたらすぐに自然に還るわけではないのです。

だったら、土葬の時代と同じように、遺骨を手もとに残さない選択を考える必要があります。それが、私の提唱してきた「〇《ゼロ》葬」です（これについて詳しくは『〇葬』（集英社文庫）を参照してください）。

部分拾骨である西日本の火葬場では、これまでも申し出さえすれば、遺骨をまったく引き取らない〇葬を選択することが簡単にできました。

しかし、全拾骨の東日本では、それができませんでした。自治体によっては、条例で、遺族は遺骨を引き取らなければならないと規定しているようなところもあります。

これはごく最近のことですが、東京の民間の火葬場では、遺骨の大半を引き取るサービスをはじめました。全部引き取らないという選択はまだできないのですが、西日本と同じように部分拾骨が可能になったのです。これで〇葬に一歩近づいたことになります。

大きな骨壺に入った遺骨なら、それを撒いたりして処分することにためらいを感じることが多いでしょう。しかし、少量なら意識は変わってきます。粉骨のサービスもありますし、自身で骨を細かく砕くこともできます。

○葬は新しいやり方ではありますが、土葬の時代に戻ったとも言えます。土葬した場合、地域によっては、何年か経った後に、それを掘り出して、改めて遺骨を墓に安置するというやり方をしているところもあるようですが、基本はそのままで遺骨は遺族の手もとに残りません。○葬もそれと同じなのです。

徐々にではありますが、全体の流れは、○葬の方向にむかっているのではないでしょうか。

これも年忌法要の場合と同じですが、墓がなくなることで、墓参りがなくなり、家族が集まる機会がなくなってしまうこともあります。とくに自然葬や海洋散骨の場合には、参るべき場所がないので、そうしたことが起こりやすくなります。ただこれは、あくまで遺族の側の問題で、本人にはかかわりのないことです。

第四章　葬式は、要らない

†私はなぜ「仏敵」になったのか

　葬式が消滅しつつあります。そこには、葬式にまで金をかけたくないという経済的な理由もありますが、死生観の変化も重要です。死というもののあり方、とらえ方が従来とは大きく変わってきているのです。

　もちろん、葬式そのものが消えてしまったわけではありません。身内だけですませる「家族葬」の割合が大幅に増え、家族親族以外の人々を呼ぶ「一般葬」をはるかに凌駕するようになってきたのです。

　私が『葬式は、要らない』（幻冬舎新書）を刊行したのが二〇一〇年一月のことでした。それから一三年以上が経つわけですが、葬式不要と考える人が相当に増えていることになります。

これほど葬式をめぐって急激な変化が起こるとは、私自身想像していませんでした。実際、『葬式は、要らない』の「おわりに」の部分では、「急速にその事態が顕在化していくことはないかもしれない」と、私は書いています。習俗は、伝統に根差しているものですから、いくら時代が変わったからといって、急に変化していくものではありません。そこで、そんなことを書いているのですが、前の章で見た墓についての変化を考えると、実は生活に根差している分、習俗はどんどんと変化していくものなのかもしれません。私にはその認識が十分ではなかったようです。

『葬式は、要らない』の本が世に出て、ベストセラーになると、仏教界や葬儀業界から強い反発を受けました。とんでもないことを書いてくれたというわけです。仏教関係の講演会やシンポジウムに呼ばれ、そこでつるし上げにあったこともあります。葬儀関係の団体からは抗議書も二度届きました。

当時は、僧侶のあいだで、私に対する批判は高まっていました。仏教に敵対する人物は「仏敵」とされますが、私は仏敵とされたのです。もっとも仏敵とされたのは、はじめてのことではありません。幸福の科学とやり合ったときにも、『創価学会』（新潮新書）を刊行したときにも、そうした教団から仏敵の扱いを受けました。

その後、葬式の簡略化が著しく進んでいきました。そのことに私の本がどの程度影響したのかは分かりませんが、本を出して感じたことは、「葬式は、要らない」というのは、多くの人々の正直な声だということでした。

葬式は面倒なもので、おまけに多額の費用がかかる。そんなにまでする必要があるのだろうか。戒名料など、字数が少ない割に暴利ではないのか。葬式のあり方に対して疑問を持つ人々が多く、私の本はその声を代弁するものとなったのです。

最近では、コロナの影響もありますが、葬式の簡略化はかなりのところまで進んでいます。著名人の死亡広告を見ても、たいがい「身内だけで済ませた」と書かれています。死亡広告が新聞に掲載されるのは、本来、通夜と葬式の場所と日時を示すためだったはずですが、その役割はすっかり失われてしまいました。

地方新聞では、毎日、一ページ、あるいは二ページを使った「お悔やみ欄」が掲載されます。読者の関心もかなり高いのですが、最近出張した折、そうしたものに目を通すと、多くは身内だけで済ませたと記されていました。一般葬をやる方が特別なことになりつつあります。広告を出さない家も増えているようです。

『葬式は、要らない』を出した時点では、家族葬や、火葬場に直行する直葬といったことばは、まだ社会全体に広まってはいませんでした。今はそれが当たり前になり、葬儀社も家族葬や直葬を前提に葬式のプランを示すようになってきました。

なぜ、葬式不要、あるいは葬式は身内だけで済ませる流れが定着したのでしょうか。

そこには、さまざまな要因がかかわっています。

一つ大きいのは、「死の高齢化」です。亡くなる年齢が相当にあがり、八〇歳代や九〇歳代で亡くなるのが当たり前になってきたわけですが、そのくらいの年齢で亡くなると、同世代はすでに亡くなっているか、生きていても葬式には参列できない状態になっています。友人が亡くなったことを聞かされても、認知症でその事実を理解できない。そんなこともあるでしょう。

多くの参列者が見込めないわけですから、家族葬で十分です。実際、私が二〇年ほど前に経験した親族の葬式でも、すでに家族や親族以外に参列者がいませんでした。経済的に苦しくなって、葬式にはあまり費用をかけられなくなったという事情もあるでしょう。ただ、葬式をした場合、多くの参列者がいれば、香典が入ってくるわけで、費用の大半がそれでまかなえもします。参列者が増えれば、葬式全体の費用は上がりますが、遺族の負担がそれで重くなるかと言えば、必ずしもそうではないのです。となると、経済的な側面はさほど重要ではないのかもしれません。

もっとも、最近の大阪では香典を辞退することが当たり前になっています。親族からの香典は受け取るようですが、一般の参列者からは受け取りません。香典を受け取れば、ただ業者を儲けさせるだけの香典返しをしなければなりません。それが面倒だ、というわけでしょう。

†村社会の代わりになった企業

これは案外、見過ごされ勝ちですが、企業が葬式とかかわらなくなったことも、簡略化に大きく影響しています。

日本の企業の特徴は、長く冠婚葬祭の機能を果たしてきた点にありました。

これは、今ではほとんどなくなってきたことですが、以前は、上司が部下の結婚の面倒を見ることが当たり前に行われていました。相手を探して、見合いをセットし、結婚に至ったならば、上司が結婚式で仲人をしたのです。今の結婚式では、仲人自体がなくなってきましたが、かつては上司にとって晴の舞台だったのです。そして、こちらは今でも続いていますが、結婚式には多くの同僚が参列するのです。

結婚式をやらないカップルも増えていますが、一般的な結婚式はかなりの額がかかります。参列者はご祝儀を持ってくるわけで、それがなければカップルは費用を賄えません。それでも、親がかなりの額を負担することになります。

企業の冠婚葬祭として、もっとも重要なのが「社葬」です。特に創業者社長の社葬ともなれば、企業をあげてそれに取り組み、盛大なものになります。社葬は日本独特の制度で、他の国にはないもののようです。社葬をうまく取りしきることができるかどうかで、後継者の評価が決まってくるので、重要視されてきたのです。

そこに企業と葬式の密接な結びつきがあるわけですが、以前は、取引先の社員の親の葬式でも、社員が葬式に参列しました。もちろん、社員はその親のことなどまったく知りません。それでも香典をもって参列したのです。

社員の親の葬式となれば、同僚が受付や案内を担当することになりました。この場合にも、故人のことを社員は知りません。それでも多くの社員が葬式にかかわるわけで、それに比例する形で参列者の数は多くなりました。

こうした状況が長く続いたのですが、次第に企業のあり方も変わってきました。冠婚葬祭の機能を担うことが少なくなり、社員が同僚の葬式を手伝うことも、相手先の葬式に参列することもなくなってきました。それによって、葬式の規模が大幅に縮小されることになったのです。

戦後の高度経済成長時代以降の企業は、それまで地方の村が果たしていた共同体としての役割を受け継いだところがあります。村での冠婚葬祭は村人総出で当たるもので、企業もそれを踏襲したのです。都市部には村のような強固な地域共同体は成立していませんから、企業が村を代替するものとなったのです。

近年になると、企業のなかには、終身雇用の正社員ばかりでなく、契約社員など非正規雇用の人たちが増えてきました。それによって、企業は同じ立場の人間で構成された共同体としての性格を失ってきたのです。そうなると、冠婚葬祭に力を入れることで全体の結束をはかる必要もなくなってきました。

現在では、葬式を出すというとき、地域や企業の力を借りることはなくなり、葬祭業者にすべてを任せるようになってきました。地域や企業に任せられなくなったためそうなったのか、葬祭業者に頼む方が便利だと感じられるようになったから、地域や企業に頼らなくなったのか、その関係ははっきりしませんが、葬式を業者に頼むことが一般化していることは間違いありません。

前の章で土葬の話をしましたが、土葬はいかにも手間がかかります。

先日、私は京都のある寺で講演をしましたが、その際に、地域の墓地を案内してもらいました。寺の上にある山を登ったところに墓地があり、住職の話では、ほんの二、三分で着くということでした。それで気軽に登りはじめたのですが、なかなか着きません。墓は、登るのも苦労するような、かなり高いところにあったのです。

その地域もかつては土葬で、墓地には木でできた簡単な墓標が並んでいました。火葬に変わってからも、墓標の下に遺骨を埋葬する慣習が続いていたようです。遺骨なら、そこまで持って行くのも、たいしたことではありません。しかし、土葬するために遺体を運ぶとなれば、地域の人たちは相当に苦労したはずです。

葬列を組んで墓地まで遺体を運ぶ前には、穴を掘っておかなければなりません。それはかなりの重労働で、人数も必要です。現在では、その地域でも高齢化が進んでいますから、穴を掘ることも困難です。土葬が急速に火葬にとって替えられたのも、土葬するための墓地が、山の上など不便なところに設けられていて、重労働を必要としたことも影響しているのではないでしょうか。

†曖昧になった生と死の境目

さらに言えば、葬式の簡略化には、死そのものをめぐる変化が大きく影響しています。

ここまで死生観の転換についてふれてきました。「いつ死ぬか分からない」という死生観Aが、高齢まで生きることを前提とした死生観Bに変わってきたわけで、実際、死亡する年齢がかなり上がってきています。

そうなると、それぞれの人間についての死も、意味が相当に変化してきているのではないでしょうか。

もちろん、最終的に死は誰にでも訪れるもので、その点は変わりようがありません。いくら寿命がのびても、死なくなるわけではありません。不死は実現不可能です。しかし、年齢が若い段階で亡くなる人の数が減ってきたことによって、死の重みが失われてきているのも事実です。

たとえば、二〇歳代で亡くなれば、それは周囲にとっても衝撃で、深刻な出来事として受け取られます。病気で急に亡くなった、あるいは、短い闘病期間で亡くなったのであれば、喪失感は大きなものになります。事故や事件、あるいは自殺の場合も同じです。

その点は、現在でも変わりません。幼い子を亡くしたとしたら、子どもの数が少なくなっている現在では、昔よりもさらに親や周囲にとっての痛手は大きなものになります。

しかし、全体としてそうしたケースは減り、多くの人たちは高齢になってから亡くなります。八〇歳代、九〇歳代で亡くなったとするなら、その死は衝撃的なものにはなりません。少なくとも、悲劇的な死としては受け取られないのです。

以前は、人が亡くなると、家族や友人などが亡くなったことを親族、知人、友人に伝えるために電話をかけました。電話で直接連絡しなければならないのは、すぐに通夜、葬式になるからで、日時や場所を知らせるためでした。

ところが、家族葬が一般化して、通夜や葬式に参列者を呼ばなくなると、電話で通夜や葬式の場所や日程を知らせることもなくなります。葬式は身内だけで済ませたと、わざわざ伝えることはないのです。

そうなると、新聞に広告が載る著名人でなければ、あるいは、地方新聞のお悔やみ欄で報じられる人でなければ、亡くなったという事実が伝えられません。

葬式が簡略化されたことで、死は隠されたものになってしまいました。意図して死を伝えないことも増えていきます。故人が生前にそれを望んでいなかった、というのがその理由です。

死んだという事実が積極的に知らされなくなったことで、亡くなったことがすぐに明らかにならないという事態も起こっています。著名人でも、死後数年が経ってから報道されることも決して珍しくはなくなりました。

亡くなってすぐその事実が知らされるのと、数年後に知らされるのでは、受け取り方も変わってきます。死を現実のこととして受け取りにくくなるのです。

今誰が生きていて、誰がすでに亡くなっているのか、それさえも分からなくなってきています。同級生や友人でも、「あの人は今本当に生きているのだろうか」と考えてみても、はっきりした答えができません。もしかしたら、すでに亡くなっているかもしれないのです。

喪中はがきで亡くなったことを知るケースが増えています。一月に亡くなったのであれば、年末まで、その事実を私たちは知ることができません。

たとえそれを知ったとしても、その衝撃は必ずしも大きくはありません。「あの人は亡くなっていたのか」。それで終わってしまうようにもなってきました。

生と死の境目が、ひどく曖昧なものになっているのです。それは、死という出来事が以前ほど重要なものではなくなったことを意味します。

そのことは、映画やテレビのドラマにも示されています。

死が重要であった時代には、難病によって亡くなっていく人間のドラマが数多く作られました。たとえば、一九六四年に公開されて大ヒットした『愛と死をみつめて』は実話をもとにしたもので、前年に刊行された本も一六〇万部のベストセラーになりました。主人公の女性は、軟骨肉腫で二二歳の誕生日の前日に亡くなっています。

軟骨肉腫自体は、今でも治療が難しく、死に至る可能性が高い病です。しかし、ドラマで多く取り上げられてきた白血病になると、治療法が開発され、実際に治った（厳密には寛解で、症状が落ち着いているのであって、完全に治ったわけではないことも多い）例も多く見られるようになってきました。もちろん、白血病で亡くなる方は今でもいますが、その診断が死の宣告を意味するものではなくなってきています。

難病でも、必ず亡くなるわけではない。そうなると、難病にかかったことを悲劇として扱うことが難しくなります。最後に死が待ち受けていることが、ドラマに緊張感を生み、主人公が死へと至る過程に観客や視聴者は引き込まれていったからです。

一時、「ナレ死」ということばが話題になりました。これは、ドラマの重要な人物の死であっても、その場面を描かず、ナレーションだけで死を伝えるものです。これが話題になったということは、それまでは登場人物が亡くなるならば、その場面が見どころになっていたことを意味します。

ところが、現実の世界で死の重みが失われていくにつれて、ドラマのなかで登場人物が亡くなるまでの過程を長い時間をかけて描き出すことが好まれなくなってきました。映画であれば観客動員数、テレビであれば視聴率が重要ですが、その増加に結びつかないような場面は避けられるようになってきたのです。もうナレ死は、当り前になりました。

†現代の死はフェイド・アウト

高齢者と同居する、あるいは同居はしていないものの、そうした人間を抱えている家族にとって、死ということよりも、その前に訪れる介護の方がはるかに重要になってきました。認知症の問題もあります。介護する側も高齢だという「老老介護」も負担が大きく、厄介なことになってきました。

しかし、これは私の母が亡くなったときに経験したことでもありますが、「介護保険」の存在は重要です。

私は高校三年生のときに下宿するようになって以来、母と同居したことがありません。母が亡くなるときには、二人いる妹のうち、下の妹と同居していました。したがって、最後に介護をしたのは、その妹でした。上の妹は大阪に住んでいるので、ずっと介護にあたるわけにはいきませんでした。

九三歳になった母はそれまで元気で、寝た切りの生活はそれほど長くは続きませんでした。ただ、最後は起きられなくなり、レンタルした介護用のベッドに寝たままで、おむつの交換が必要になりました。

それを妹が一人でやるとしたら、大変なことになっていたでしょう。妹の夫はトルコ人で、長野でワインを製造するためのブドウ栽培をはじめたばかりでした。彼はそちらに行きっぱなしになっていたからです。

それでも、毎日ヘルパーの人が来てくれ、おむつの交換などを行ってくれました。私も、見舞いに訪れたときには、そうした場面に遭遇し、介護保険がいかに重要かを理解したのです。

母の場合は、こうした期間はさほど長くは続かなかったわけですが、それが長引いていたならば、いくらヘルパーが毎日のように来てくれても、妹一人では限界に達したことでしょう。

そのときには、母を老人ホームに入所させるかどうかが問題になったはずです。これは、多くの家庭が直面することで、決断を要する事柄です。

ただの病気で入院するとなれば、高齢者でも退院できます。最近では、なるべく入院の期間を短くする傾向があります。実際、我が家の場合にも、母本人が入院をとても嫌がったせいもあり、亡くなるまで自宅で過ごすことになりました。

いったん老人ホームに入所させれば、そこから退所することはごく希でしょう。その場合、自宅ではなく老人ホームが終の住み処になります。だからこそ「老人ホームに送るべきかどうか」、そこに重い決断が必要になるのです。

このときに、「送る」ということばが使われる点が重要です。死者についても「送る」ということばが使われます。送ってしまったら、二度とは戻ってこない。「送る」にはそうした語感がつきまといます。

元気なうちに高額な費用のかかる高級老人ホームに入所したというなら、友人がそこに訪ねてくることもあるでしょう。しかし、介護が重荷になって入所したとなれば、その事実は公にされず、見舞いに訪れる友人、知人もいないはずです。近しい家族以外に訪れる人もいなくなり、入所した時点で、一般社会との関係は切れてしまいます。

その点で、肉体の死を迎える前に、「社会的な死」をとげたと言えます。社会とのかかわりという点では、社会的な死の方が重要です。それを境に、もう二度と戻ってこない世界に旅立つことになるからです。死が前倒しされるようになってきたとも言えます。

肉体の死は、こうした社会的な死の後に訪れます。施設に送る際に、特別な儀式が行われるわけではありませんが、家族にとってはそれが大きな区切りになっています。

その後に訪れる肉体の死は自然に訪れるもので、家族の側に決断は求められません。

これも、肉体の死によって起こる葬式の重要性を失わせることに結びついています。

母が寝ていた介護ベッドは、リビングダイニングに置かれていました。亡くなってから、周囲の手すりは取り外されたものの、遺体はベッドの上でそのまま数日を過ごすことになりました。最近は火葬場が混雑していて、すぐに火葬ができないからです。

火葬するまでの間、遺体はリビングに置かれたままで、そこに同居していない家族や親族が訪れてきました。亡くなったときに看取ったのは妹と、たまたま見舞いに訪れた私だけでした。まだ亡くなる前に、見舞いに訪れたように、弔問客が続きました。

そして、家族は同じ空間にあるダイニングで以前と変わらず食事をとり続けました。母が寝ていようと、死んでいようと、そこは少しも変わらなかったのです。そこにも生と死の境目が曖昧になっていることが示されていたように思えます。

高齢で亡くなるのであれば、ある人間の肉体的な死によって、何か大きな変化があるわけではありません。すでにその人物は社会的に死を迎えたという状態に等しく、生きているのか死んでいるのか、ごく近しい家族以外、その事実を知らないからです。

死のありようが大きく変わったことで、葬式を出すことの重要性はなくなりました。

だからこそ、葬式は身内だけですませ、外に向かって死を告知することもなくなってきたのです。

その人が亡くなることで、状況が劇的に変わるわけではなくなってきました。人の死は、瞬間的なものから、次第にフェイド・アウトしていくものに変わってきたのです。

では今、私たちはどのように肉体の死を迎えるのでしょうか。意外にその点は明確に理解されていないように思われます。

第五章　誰もが知らない自分の死に方

†どうして孤独死が起こるのか

では、私たちはどうやって死んでいくことになるのでしょうか。その点については、意外と理解されていないのではないでしょうか。それも、死を看取る経験をすることが少なくなったからです。重要な点は、多くの人たちが同じような形で死を迎えるということです。

いくら長生きできるようになったからといって、死を避けることはできません。永遠に生き続けること、つまり不死は、いつまで経っても不可能です。

もっとも、私たちの生が永遠に続くものであったとしたら、どうでしょうか。あまり想像できないことですが、二〇〇年も、さらには一〇〇〇年も生き続けることができるとすれば、そんな長い人生をどのように費やしたらいいものかと、かえって困惑するのではないでしょうか。一〇〇〇年も生きるなら、九〇〇年は働かなければならないでしょう。

もちろん、そんなことを心配する必要はありません。死は必ず訪れます。

私たちの死は、大きく分けて二つのタイプに分かれます。

一つは突然死で、もう一つはそれ以外の死です。

現在では、突然死の割合が全体の一割ほどだとされていますから、残りの九割はそうではない死に方をすることになります。

突然死は、事故や事件にまきこまれたりして命を落とす場合もそうですが、心臓が急に停止したり、脳梗塞や脳出血によって起こります。生命活動が突如として終わりを迎えるわけで、よほどのことがない限り、その死を見届ける人はいません。

こうした突然死は、高齢者だけではなく、年齢が若い人にも起こります。そうしたケースでは、本人も周囲も、突然死に至るとは予想もしていません。

周囲に誰かがいるということであれば、そうはなりませんが、突然死は「孤独死」に結びつく可能性が高くなります。

一人暮らしの人間が、突然自らの家で、あるいは自らの部屋で亡くなったとしたら、誰もその死に気づきません。

高齢者の一人暮らしであれば、介護のためにケアを受けている可能性も高く、定期的に誰かが訪れてきます。それによって、亡くなっていることがそれほど時間が経たないうちに発見されます。

定期的に訪れる人がなかったとしても、周囲の住民が気にかけているはずです。郵便受けに新聞や郵便物、チラシなどがたまっていれば、どうしたのだろうかと声をかけ、反応がなければ、管理人に連絡して、安否を確かめようとします。

ところが、年齢が若いと、周囲もそんなことが起こるとは考えもしません。たとえ、郵便受けが一杯になっていても、仕事や観光で出かけているか、実家に帰省でもしているのだろうと考え、安否の確認を行ったりしません。そうなると、死後何日も経ってから発見されるという事態が起こります。家賃の支払いが遅れたりして、それで発見されるのです。

「孤独」ということばも、その意味するところは時代とともに変化してきているような気がします。大家族が当たり前で、村にしても企業にしても共同体としての性格が強かった時代には、ずっと一人で生活する人間の数は少なく、孤独であることはマイナスのイメージでとらえられました。孤独は、なんとしても癒されるべきものだったのです。

ところが、最近になると、「お一人さま」といったことばが登場したように、一人で生活することは、あるいは一人で活動することは、ライフスタイルの一つとして広く認められるようになりました。そこには、生涯未婚率の上昇ということも関係していますが、孤独を積極的に謳歌しようという風潮も生まれています。

†突然死は避けられない

そうなってきたために、孤独にもプラスのイメージが与えられるようになってきました。しかし、孤独死となると、依然として寂しいものとして受け取られています。

たしかに、一人暮らしの自分が突然死をとげ、長い期間発見されないまま放置されている光景を思い浮かべてみると、いかにも寂しい、哀れではないか、そう感じる人も少なくないでしょう。

亡くなったにもかかわらず、それが長く発見されなかった事態は当初、「無縁死」と呼ばれました。

無縁は、仏教のことばで、仏の教えと縁のない状態、つまりは、救われない状況にあることを意味します。

ただ、仏教の信仰が広まることで人口に膾炙《かいしゃ》するようになった無縁ということばは、やがて仏教の文脈から離れ、人間関係が希薄なことを意味するようにもなってきました。

無縁死は、そちらの意味で使われたものですが、どうしても元の救われないというニュアンスが残っています。そこで、仏教の教えを連想させない孤独死が使われるようになったものと考えられます。

孤独死を防ぐのはかなり難しいことです。突然死は予想が不可能ですから、亡くなっても、しばらく発見されない事態はどうしても避けることができません。究極的には、健康に注意することしか、本人には対策の立てようがありません。

ただ、本人にとって、孤独死が悲惨なものかどうかということになると、必ずしもそうではないでしょう。突然に死が訪れるわけですから、一人で助けを求め、苦しみながら亡くなっていくことにはならないはずだからです。

孤独死で問題になるのは、遺体が長く放置されることで、腐敗が進み、遺体から血液や体液が漏れだして、部屋を汚したり、異臭が広がったりすることです。そうなると、「特殊清掃」を業者に頼まなければならなくなります。

では、その費用を誰が負担するのかということになりますが、これはなかなか難しい問題をはらんでいます。本人が資産を残しているのなら、それが充当されることになります。しかし、資産がなければ、連帯保証人や相続人が支払うことになります。

けれども、なかには親類縁者と関係が切れているという人もいます。まさに無縁の状態にあるわけですが、そうなると、家主が負担しなければならなくなります。たとえ保証人や相続人がいても、必ず支払いに同意するわけではありません。強制的に取り立てることもできなくはないでしょうが、現実的ではありません。

もう一つ、孤独死で問題になるのは、誰が葬式を出し、火葬料を支払い、遺骨を引き取るかです。これも、親類縁者がいない、あるいは関係が切れているなら、自治体が費用を負担し、遺骨を保管するしかなくなります。その数が増え、自治体によっては遺骨の保管に苦労しているところもあると伝えられています。この点については、〇葬の考え方にもとづいて、遺骨の処理は火葬場に任せるしかないかもしれません。

突然死から孤独死へという流れは、厄介な問題を生みます。それを防ぐのも容易ではありません。

†母はこうして死んだ

では、突然死以外の死はどのようなものなのでしょうか。

最近では、身近な人間の死を看取った経験を持たない人が増えています。亡くなる人間と同居していて、なおかつ本人が最期まで自宅にいるのであれば、看取ることもできるでしょう。しかし、そうした条件がそろうとは限りません。

自宅で亡くなることは「在宅死」になります。厚生労働省が二〇一七年末に行った調査では、末期がんになった場合六九・二パーセントの人が在宅死を望んでいるという結果が出ています。

しかし、現実は希望とはかけ離れています。

二〇二〇年の人口動態調査によれば、在宅死はわずか一五・七パーセントです。病院死（病院と診療所をあわせて）が六九・九パーセント、そして老人ホームでの施設死が九・二パーセントとなっています。在宅死の方がはるかに少ないのです。

昔は、在宅死が多くを占めていました。一九五一年だと八二・五パーセントが在宅死でした。その後、病院死の割合が次第に増え、七七年には在宅死を上回りました。二〇〇五年から〇六年にかけては、在宅死が一二・二パーセントと最低を記録しました。

私の父が亡くなったのは、まさに二〇〇六年のことで、母とは異なり病院死でした。その後、在宅死の割合が徐々にではありますが増え、今日の状況に至っています。母が在宅死を遂げたのも、時代の変化にもとづくものだったかもしれません。

どのような場所で亡くなるにしても、突然死でなければ、死に至るまでの過程は共通しています。そのことを、私は母の死を通してはっきりと認識することになりました。私は父の死も看取っていますが、そのときにはそうした認識にまでは至りませんでした。

死に至る過程が誰にでも共通していることは、母の枕元にあった訪問介護のクリニックが出しているパンフレットを通して知りました。そこに書かれている通りに母が亡くなっていったからです。

その過程については、すでに『無知の死——これを理解すれば「善き死」につながる』（小学館新書）という本でふれました。

母は膵臓癌にかかっていることが判明し、余命は一カ月程度と診断されていました。本人にはその事実は伝えられませんでした。伝えても、意味がないからです。それから、私は幾度か母のもとを見舞いに訪れました。

それは余命宣告から一カ月が経とうとしていたある日の夕方のことで、私は母が妹と生活している家に見舞いに訪れました。訪れたときには、まさかそれが母の最期の日になろうとは考えもしませんでした。

ただ、妹からは、訪問看護の看護師に「いよいよ覚悟のときかもしれません」と言われたことを聞いていました。それでも、その日とは、思いもしなかったのです。パンところが、私が到着して一〇分くらいすると、母の呼吸が荒くなったのです。パンフレットを見てみると、死が近づくと食事の量が減り、尿の回数や量も減り、手足が冷たくなって、色も変わると書かれています。

そして、「呼吸が変化します」とあって、「のどの奥がゴロゴロと鳴ることがあります。呼吸が不規則になります。顎だけでしゃくりあげるような呼吸を『下顎呼吸』と言います。亡くなる直前のサインです」と説明されていました。

まさにこのときの母は、下顎呼吸の状態に入っていたのです。私は、パンフレットを通して、はじめてこのことばを知ったのですが、振り返ってみると、父が亡くなったときも同じでした。

母の場合、下顎呼吸の状態はおよそ三〇分間続きましたが、最期、息を吐くと、しばらくそのままでした。呼吸が途絶えたのかと思っていると、もう一度だけ息を吸って吐き、それが本当の最期になりました。

私も妹も医師ではないわけですから、死亡の確認や宣告はできません。息が途絶えたのは午後七時四五分過ぎのことで、それが母が実際に亡くなった時刻でした。

パンフレットには、そうした状況になったら、「ゆっくりとお別れをなされたら、ご連絡ください。亡くなられてすぐに連絡する必要はありません」とも書かれていました。その段階で救急車を呼んだり、警察に通報したりすると、面倒なことにもなります。事故として扱われる可能性が出てくるからです。

私たちは、パンフレットの指示に従い、訪問介護のクリニックに電話をしました。医師が訪れたのはかなり時間が経ってからのことで、正式な死亡時刻は午後一〇時二〇分になりました。

父の場合には、病院で亡くなったため、臨終の場面に医師が立ち会いました。呼吸が止まり、心臓も止まり、瞳孔反応が停止したことが確認され、すぐに死亡が宣告されました。

†ドラマのようには誰も死なない

私が通っている内科のクリニックには、ベテランの看護師がいます。その方は大規模な病院に一〇年以上勤務した経験があり、死の場面にも数多く立ち合ってきたそうです。その方にうかがうと、誰もが母や父が経たのと同じ経緯をたどって亡くなるということでした。

パンフレットにもはっきりと記されているわけですから、人の死に方は共通しているのです。それは、人間だけではなく、身近なペット、さらには哺乳類全体に共通する死に方なのかもしれません。

現代では、子どもが親と同居しないケースも増えています。たとえ同居していても、下顎呼吸が真夜中にはじまれば、家族はそれを知らないまま朝を迎えることになります。いびきをかいているのかと思い、それで気づかないこともあるようです。

したがって、今では誰かの死を看取る経験をしたことがない人が増えています。生涯、その経験を持たないまま、自分が亡くなってしまう人も少なからず存在するのではないでしょうか。

私の上の妹は、住んでいる大阪に帰っている最中で、母の臨終には立ち合えませんでした。私が、スマホのテレビ電話をつなげて中継をしましたが、操作に手間取り、母の最期をうまく伝えることができませんでした。

誰かを看取る経験をした人でも、それが一回だけのことであれば、亡くなり方が共通しているとは考えないかもしれません。父の死を看取ったときの私の場合が、まさにそうでした。

そこには、ドラマの影響もあります。ドラマで描かれる人の死は、実際のものとは大きく異なるからです。

映画やテレビのドラマで、死の場面が現実のとおりに描かれることはむしろ希なのではないでしょうか。少なくとも私は見た経験がありません。

私の知る唯一の例外は、黒澤明監督の映画『赤ひげ』です。このドラマは、江戸時代の小石川養生所が舞台になっているので、患者が亡くなるところも出てきます。ただ、死を迎えつつある患者の息が相当に荒くなったところは描かれていますが、その荒さが強調されている分、特殊な亡くなり方であるような印象を受けます。この映画をはじめて見たときには、父も母も健在で、私は誰かの死を看取った経験がありませんでしたから、黒澤監督が人間の実際の死を描いているという点には注目しませんでした。もっとも、『赤ひげ』では、亡くなるところまでは描かれていませんでした。

ドラマで極端なものになると、次のような形で死の場面が描かれます。

死を迎えつつある人間はベッドに寝ていて、周囲には家族が集まっています。本人は、家族に向かって遺言としてことばをかけていきます。そして、ことばをかけ終わったところで、本人の首ががくっと落ち、それで亡くなるのです。

これは、現実には絶対に起こらないことです。ところが、ドラマでそうした描かれ方がされているために、人が現実にどう亡くなるかが伝わっていないのです。たとえ、実際に看取った経験を持つ人がいたとしても、こうしたドラマに影響され、下顎呼吸の段階を経ないでも人は亡くなっていくものだと誤解してしまうのです。

†みな梶井基次郎のように死んでいく

一度、テレビのドキュメンタリー番組で、人が亡くなる実際のシーンを見たことがあります。

それは、NHKスペシャルとして二〇一九年六月二日放送された「彼女は安楽死を選んだ」という番組でした。対象になったのは五一歳で安楽死を遂げた日本人の女性です。彼女は多系統萎縮症という病を患っていて、日本では安楽死が認められないので、自殺幇助が認められているスイスにわたり、そこで安楽死を遂げたのです。

自殺幇助ですから、彼女には医師から致死薬が渡され、本人がそれを自らに投与します。すると、彼女は一瞬にして眠りに落ちるように亡くなっていきました。その光景がテレビで放送されたのです。その様子が、あまりにあっけないものなので、その分、死を目撃したという衝撃はありませんでした。本人の感覚としては、私も経験がありますが、手術の前に全身麻酔をかけられたときと似ているかもしれません。

しかしこれは、致死薬による死であって、死に方としては特殊なものです。薬を使わなければ、人はこうした形では亡くなりません。

このように、実際に死がどのようなものなのか、私たちは知る機会がほとんどないので、その点が正しく認識されていません。これは大きな問題です。なにしろ、誰もが最期は死ぬわけで、それがどういうものかを知ることは重要なはずだからです。

いったん死へと至るプロセスがはじまってしまえば、後戻りはできません。それは、不可逆の過程で、もう治療の余地は残されていません。

それを恐ろしいことだと感じる人もいるかもしれませんが、この世に生を受けた者の宿命であり、それは受け入れるしかありません。

書かれたもののなかには、死の実際の姿を正確に描いたものがあります。

「檸檬」や「櫻の樹の下には」などで知られる小説家の梶井基次郎は、肺結核で三一歳の若さで亡くなりました。その母である梶井久には、基次郎の死について記した「臨終まで」というエッセーがあります。

その最後の部分では、「漸々と出る息が長く引く息は短く、次第次第に呼吸の数も減って行きます。そして、最後に大きく一つ息を吐いたと思うと、それ切りバッタリと呼吸がとまって仕舞いました」と記されています。

また、ジャーナリストの立花隆さんも、自らの父を看取ったときのことを、「いよいよ危ないという時に、病床の傍に僕はいました。そして、彼の喉仏が上がったり下がったりするスピードがだんだん遅くなって、ついに止まるところを目撃したんです。散々人の死を見たり書いたりしてきましたが、人間が息を引き取る瞬間をじっくりと見つめたのはこのときがはじめてで、死とはこういうものか、と思いました」（『週刊文春』二〇一四年一一月一三日号）と記しています。

突然死でなければ、このように誰もが同じ道をたどって最期に至ります。ドイツの教育者で牧師でもあったガブリエル・ロレンハーゲンに、「我々は、大人も子供も、利口も馬鹿も、貧者も富者も、死においては平等である」ということばがありますが、たしかに死に方というところでは誰もが同じ道をたどるのです。

†死を恐れる必要はない

私は、母の死に接し、父も同じように亡くなっていったことを思い出したことで、人が同じ死に方をするなら、死後に赴く世界も同じなのではないかと感じました。これはもちろん私だけの感想にすぎません。しかし、死によって、人というものが同じ生き物の仲間であることが改めて浮彫になるように思えるのです。

では、死を迎えようとしている人は苦痛を感じているのでしょうか。うまく呼吸ができなくなったことで、必死に息を吸おうとして下顎呼吸が起こるなら、苦しいようにも感じられます。

しかし、訪問介護のクリニックのパンフレットを見ると、「このとき、本人は苦痛を感じていないので、見守ってあげましょう」と記されています。

人が死ぬ間際にはエンドルフィンという脳内麻薬が分泌され、からだ全体が快楽を感じているという説もあります。パンフレットが、苦痛を感じていないと断言しているのも、そうした知見にもとづくものでしょう。

少なくとも、本人が自らに死が近づいてきていることを自覚し、そのままの状態で死に至るわけではありません。完全に意識がある状態で死を迎えるわけではないのです。最後意識はなくなり、それで亡くなっていくのです。ですから、本人には自分が死につつあるという自覚は生まれようがありません。

死が決して苦しいものではなく、かえって快楽を伴うものであるなら、私たちは死を恐れる必要はないのかもしれません。もちろん、その状態になってしまえば、生き返ることはできないわけですから、生命活動は継続しません。それはもうどうしようもないことですが、自分が死につつあることに怯えたり、恐怖を感じたりしながら亡くなっていくわけではないのです。

母が亡くなったのは、九三歳のことでした。父も八六歳で亡くなっています。平均寿命から考えても、二人は十分に生きたと言えるでしょう。私たち兄妹のあいだでは、母は一〇〇歳まで生きるのではないかという話が出ていました。それは果たせませんでしたが、夫婦仲はよく、最愛の夫を亡くしてからの年月は、やはり寂しいものだったのではないでしょうか。その点では、一〇〇歳まで生き続けるよりもよかったのかもしれません。

私たち残された者は、このような形で亡くなった人間のその後をいろいろと想像します。その時点では、本人はもう何も考えられないわけですから、死は遺族の側の問題に移行したとも言えるのです。

最期にこのような死が待ち受けているのだとして、では、私たちはそれまでどのような形で生をまっとうすればよいのでしょうか。次には、それを考えます。

第六章　「大還暦」という大目標

†人類の寿命は何歳なのか

寿命が長くなった結果、長い老後をどのように生きていけばいいのか、それに戸惑うようにもなってきました。そうした状況を迎え、私たちは人生をどのように考えたらよいのでしょうか。何を目標にしたらいいのでしょうか。

そもそも、人はいったい何歳まで生きられるものなのでしょうか。

それは誰にとっても分かりません。

第一章でアガスティアの葉のことにふれました。その葉には、それぞれの人間の死ぬ日までが記されているというのです。

しかし、現実にそんなものがあるはずもありません。宗教教団の教祖が自ら亡くなる年齢を予言したとしても、実際には適中しません。それが混乱を生んだ事例があります。

幕末維新期に誕生した天理教の場合がそれです。教祖である中山みきは、生前、人間の寿命は一一五歳までだと予言していました。ところが、実際にみき自身が亡くなったのは数えで九〇歳のときでした。そこには、亡くなる前の年の冬に警察にとらえられ、拘置所に入れられたことが大きく影響していたようです。奈良県でのことですが、その冬は三〇年来の寒さで、それが高齢のみきにはひどくこたえたのです。釈放されてからは屋敷を出ることがなくなり、そのまま亡くなってしまったのです。

信者たちは、教祖は一一五歳まで生きると信じていました。ですから、九〇歳での死は、当時としてはかなりの長寿であるにもかかわらず、信者に大きな衝撃を与えました。信者は、みきのことを「親神」としてとらえ、特別な存在だと考えてきました。教団として、この事態にどう対応したらよいものか、数日間混乱状態が続きました。

結局、みきは自らの寿命を二五年縮めて、その分、人々の救いにあたるのだという新たな教えを打ち出すことによって、混乱した状態を収拾しました。もし、うまく理屈をつけることができなかったとしたら、あるいは新しい教えを信者が受けいれなかったとしたら、教団は深刻な危機に直面していたかもしれません。

一般の健康な人間であっても、事故や事件に巻き込まれれば、突然命を奪われることがあります。

逆に、病弱であった人間が、あるいは大病を経験した人間が長生きすることもあります。修行の場として名高い福井県の永平寺の第七八世貫首《かんしゅ》をつとめた宮崎奕保《えきほ》禅師は、粟粒結核《ぞくりゅう》という重い病にかかったことがあったにもかかわらず、満一〇六歳まで生き、それが話題にもなりました。

並外れた長寿は修行の賜物かもしれませんが、本人はそんなにまで長生きするとは考えていなかったはずです。ただ、古代から僧侶が並外れて長寿であることは調査の結果明らかになっています。出家することで、世俗の世界から離れることが、煩いを減らし、長寿に結びついた可能性が高いのです（そのことは、『なぜ宗教家は日本でいちばん長寿なのか』（KADOKAWA）でふれました）。

では、人類全体を考えてみたらどうなるのでしょうか。いったい人間は、いくつまで生きられるものなのでしょうか。

二〇一六年には、アメリカの研究チームが、人類の限界は一一五歳までだという論文を『ネイチャー』誌に掲載しています。みきの予言と同じであることが注目されますが、現実には一一五歳よりも長生きした人間はいます。

人類でもっとも長生きしたのは、フランス人のジャンヌ＝ルイーズ・カルマンという女性です。生きた期間は一二二年と一六四日で、一九九七年に亡くなっています。

ただ、彼女の年齢については疑いの目が向けられていて、途中で娘と入れ替わったのではないかという説があります。果たしてその説が正しいのかどうか、明確になってはいません。日本でも、一九八六年に一二〇歳で亡くなったとされた男性の年齢に異議が申し立てられ、ギネスブックから記録が削除されたこともありました。

最高齢であるということは、そのことを直接に知っている人間が他に誰もいないことを意味します。戸籍も、時代を遡れば、信憑性はかなり怪しくなってきます。

日本では六〇歳を還暦とする考え方があります。一二〇歳になれば、もう一度還暦がめぐってくるわけで、それは「大還暦」と呼ばれます。フランス人女性は大還暦を迎えた可能性がありますが、はっきりはしません。現実にはまだそうした人間は現れていないのではないでしょうか。

ただし、二〇二二年に亡くなった日本人の田中カ子《かね》さんは、一一九年と一〇七日生きたことがはっきりしていて、その点についてはどこからも異議が申し立てられていません。後二百数十日生きれば大還暦を迎えられるはずでした。私はカ子さんが大還暦を迎えることを待ち望んでいたのですが、それは果たされませんでした。それでも今後、大還暦を迎える人類が現れる可能性は十分にあります。

どうやら、一二〇年というのが、人間が生きられる限界であるようです。

†大還暦をめざして生きる

だったら、一二〇歳になるまで生きる、大還暦を迎えるまで生きるということを目標としてみたらどうでしょうか。

もちろん、一二〇歳まで生きられる可能性は限りなくゼロに近いことは事実です。なにしろ一二〇歳まで生きたと断言できる人はまだ現れていないからです。

しかし、絶対にあり得ないわけではありません。

しかもこれは、どんな人間にも目標になり得るものです。

男子一〇〇メートル競走では、二〇〇九年にウサイン・ボルト選手が達成した九秒五八が最速です。それ以来、十数年にわたって記録は破られていないわけですが、短距離走のアスリートにはこの記録を超えることが目標になっています。いつかこの記録が破られる日が来る。アスリートはそれを信じているはずです。

一〇〇メートル競走に挑むことは誰でもできますが、記録となると、ごく限られた人にしか、それを破る可能性は開かれていません。

ところが、人類最高齢となれば、それに挑戦することはすべての人に可能です。だったら、挑戦してみる価値は十分にあるのではないでしょうか。

一二〇歳まで生きるという目標を立ててみると、八〇歳の壁などたいしたことはありません。一〇〇歳の壁もかなり手前にあるように思えてきます。

「一二〇歳を目標とするなど、非現実的で意味がない。ばかげた発想だ」。

そのように考えられるかもしれません。

しかし、人間には想像力の翼をどこまでも広げることができる特権があります。その特権は生かすべきではないでしょうか。

少なくとも、自分は一二〇歳まで生きると想定すると、いろいろな見方が変わってきます。

そんなにも長く生きられるのであれば、何をはじめるにしても、年齢の面で遅いということはありません。何かやりたいことがあったら、七〇歳でも、八〇歳でも新しくはじめてみればよいのです。

体力の面でも、知力の面でも、年を重ねれば若い頃に比べて落ちてきます。一方で、経験を重ねてきているわけですから、それを生かすこともできます。

ものは考えようです。

一二〇歳までなら膨大な時間があるわけですから、余裕をもって考えることも、取り組むこともできます。長く生きられるようになったという現実を十分に生かしきることが肝要なのです。

昔は、「隠居」という仕組みがありました。「ご隠居」と言えば、年齢を重ねて仕事から退き、悠々自適の生活を送っている近所の知恵者を意味しました。ご隠居は落語の重要な登場人物です。

この隠居については、以前『人は、老いない』（朝日新書）で詳しく述べたので、そちらも参考にしていただきたいと思いますが、昔は、隠居は法律用語でした。

そこには「家督」の制度がかかわっていました。家督は明治時代に制定された民法で規定されたもので、戦後に民法が改正されるまで八〇年近くにわたって日本の家族のあり方を規定しました。

家督とは家族の代表者の意味で、その人間は「戸主」と呼ばれました。戸主には絶大な権限が与えられていて、子どもが結婚するときに、それを許すかどうかの決定ができました。住む場所を決めるのも戸主の権限で、その分、戸主は家族を養う義務を負いました。そして、六〇歳を超えると、家督を相続人、たいがいはその家の長男ということになりますが、それに譲り、隠居することができたのです。

戦後、この制度は廃止されました。自由に結婚できないなどというのは封建的で、民主主義の世の中にはあわないからです。ですから、今はもう戸主も隠居も法的には存在しません。

明治よりも前の時代には、民法などという近代的な法体系は存在しませんが、実質的に同じ形がとられていました。戸主の権限は絶大で、だからこそ、子どもが戸主の許しを得られないまま結婚しようとすれば、「駆け落ち」するしかなかったのです。そうなったときに、戸主は子どもを「勘当」しました。

そして、六〇歳以上という規定がなかったために、もっと早い段階で家督を譲り、隠居する人たちがいました。

その場合、隠居するのは、仕事をしなくなることを目的とするものではなく、別のことをはじめるためでした。

†隠居という手があった

たとえば、松尾芭蕉は神田上水の工事にかかわる仕事をしていましたが、三六歳で隠居し、それ以降は俳諧師としての生活を生涯送ることになりました。

伊能忠敬も、酒造家の伊能家に婿として入り家業に励みましたが、五〇歳で隠居を認められ、そこから師について測量術を学び、七二歳まで全国を測量して回ったのです。五〇歳から新たに学び直すというのはかなり大変だったでしょうが、これは、私たちにも参考になる生き方です。

やりたいことがあっても、まずは家業に専念する。そして、家督を後継者に譲って隠居し、それからは本当に自分がやりたいことをやる。昔は、そんな生き方をする人たちが多かったのです。これは第一章でふれたインドの「四住期」の考え方に近いものとも言えます。

現代では、家督の制度もありませんし、隠居が法律的に定められているわけではありません。昔は、生きられる期間が限られていたために、何かやりたいことがある人間は、なんとか早めに家督を譲ろうとしました。現在の早期退職にも似たところがあります。

しかし、今では退職した後の老後が相当に長くなり、また、老いても健康で生きられるようになってきたわけですから、必ずしも急ぐ必要はありません。

仕事一筋でやって来た人たちが、仕事からリタイアしてしまうと、やることがなくなり、老後に充実した日々を送れなくなったという話はよく聞くところです。

たしかに、仕事は生き甲斐になります。仕事をしていれば、他のことはさほど考える必要がないので楽だ。そんな面もあるかもしれません。その分、仕事をしなくてよくなると、何をしていいか分からなくなってしまう。どうしても、そうなりがちなのです。

いったい私たちは、何のためにこの世に生を受けたのでしょうか。

そんなことを改めて考えてみることは、少ないでしょう。

生物学的に考えるならば、跡継ぎを残し、人類という種を残すためだという答えが返ってくるはずです。たしかに、一般の生物は、いかに自らの遺伝子を次の世代に伝えていくのか、それが生きることの中心におかれています。

人間にも、その面は厳然としてあるわけですが、やはり他の生物とは決定的に違う面があります。

遺伝子を伝えていくには、生殖活動をしなければならないわけですが、人間の場合には、他の生物にある「発情期」がありません。

それによって、いつでも生殖活動ができるわけですが、だからといって、年がら年中子作りに励むわけではありません。性が生殖活動から切り離され、快楽にもなっているのです。

他にも他の動物との決定的な違いがあります。人間は直立歩行ができるようになったことで、手が自由に使えるようになり、道具を作れるようになりました。

また、直立歩行で脳が発達しただけではなく、咽頭が下がり、口のなかの音を響かせる空間が広くなったことで、音声言語を発することができるようになりました。

道具や言語は、他の動物が獲得できなかったものです。人類に近いチンパンジーが訓練によって一定程度の記号操作ができることが明らかになってきましたが、音声言語を操る身体的な能力が欠けているので、ことばを使ってコミュニケーションをはかることはできません。

人類は、他の動物とは決定的に異なる方向に進化をとげ、さまざまな文化を生み出すことができるようになったのです。

今私は、コンピュータを使って、この文章を書いていますが、コンピュータなどという道具が生み出されたこと自体が驚異です。日々、私たちはさまざまな道具に囲まれながら生活をしているわけで、道具は次々と新しいものが生み出されていますから、他の動物との差は日増しに大きなものになってきました。

それによって、武器を使っての戦争などといった恐ろしいことも可能になったわけですが、さまざまな芸術も、人類だけが生み出すことができた文化活動によるものです。

動物として生きることがどのようなものなのか、それは想像するしかありませんが、基本は食べて寝て、生殖活動に励み、場合によっては子育てをするだけです。動物はそれを退屈と思うこともないのでしょうが、もし、私たちがそうした境遇におかれたら、あまりの単調さに耐えられなくなるかもしれません。

人間は動物を飼うこともできますし、動物を可愛いと思い、それを愛でることもできます。そんなことも他の動物にはできないことです。

生物学的な進化という点では、ある時点で止まり、人類はそれ以上進化していません。

しかし、人類が作り出すことができるようになった道具の方は進化を続け、それは今でも続いています。

そして、道具の進化に支えられるような形で、寿命がのび、さまざまな活動を展開する余裕が生まれるようになりました。そうした状況を生かさない手はありません。どうやら、このような状況が生み出されたことの意味を考える必要がありそうです。人生の意味は何かなどと言うと、面倒な哲学的な問いのように感じられるかもしれません。果たして意味があるのか、そこからして疑問を持つ人もいるでしょう。

†神が創造したものにはすべて意味がある

人類が生み出した、他の動物にはない文化の一つとして、「宗教」があります。私は、五〇年間にわたって宗教についての研究を重ねてきましたが、イスラム教について研究するなかで、一つ興味深い考え方に出会いました。

イスラム教の中心にあるのは、「六信五行《ろくしんごぎょう》」というものです。五行は、イスラム教の信者が実践しなければならない事柄で、そこには、信仰告白、礼拝、断食、喜捨、巡礼が含まれます。

一方、六信の方は信仰対象を意味していて、神、預言者、啓典、天使、来世、そして定命《じょうみょう》をさします。

定命ということばは、すぐには意味が分からないかもしれませんが、本来は仏教の用語で、生まれる前から定められた寿命のことをさします。

そのことばがイスラム教にも転用されたのですが、アラビア語の原語は「カダル」で、これは、この世に起こる出来事はすべて神によって定められたもので、そこには意味があるというものです。

私たちが生活を続けているなかでは、善いことも起これば、悪いことも起こります。たとえ私たちの目から見ると悪いことであったとしても、それは神が定めたことで、何らかの意味があるというのが、定命の考え方です。もちろん神は、いちいちその意味を説明してくれるわけではありません。意味を考えるのは人間の側になるわけです。

神を信じないのであれば、定命というとらえ方は無意味にもなりますが、そうした視点から物事を見ていくと、少し見方が変わってくるように思います。

たとえば、コロナのような感染症が流行したとき、私たちはそれを厄介なものと感じ、一刻も早く流行がおさまってくれることを願います。それは誰もが感じる素直な思いです。

しかし、この世界を神が創造したのだとすれば、コロナのようなウイルスも、神の創造物に含まれるはずです。他の、たとえば悪魔がコロナ・ウイルスを創造したのだとしてしまうと、神以外に創造の業ができる主体の存在を認めることになってしまい、神の絶対性が崩れてしまいます。神が全能の創造主であるなら、ウイルスも神以外の存在が生み出したものではないはずなのです。

コロナについての対策はさまざまな形で進められましたが、なぜそうしたものが生み出されたのか、根本的な原因を明らかにする作業は必ずしも進んでいないように思われます。

ウイルスは、細胞を持たない点で細菌とは異なり、生物とは見なされていません。

生物であるという主張もありますが、一般には、生物と生物でないものの中間的な形態と考えられています。ウイルスも遺伝子はもっていて、単体では無理ですが、他の生物に入り込むことで増殖していきます。

ウイルスの存在が発見されたのは、近代に入ってからのことです。それはあくまで私たち人類がその存在をはじめて認識したということで、ウイルス自体は生物の誕生とともにあったはずです。人類より、その歴史は古いことでしょう。

ですから、ウイルスは、人類に何か利益をもたらすために存在しているわけではありません。では、いったいその役割はどういったものなのでしょうか。進化を促すための役割があるとも言われますが、ウイルス学の専門的な研究によっても、その点が十分に解明されているわけではないようです。

まだまだウイルスの存在には、謎がつきまとっています。しかし、神によって創造されたものだという観点を加えてみると、その出現の意味を考えないわけにはいかなくなります。

ウイルスだけではなく、あらゆることには意味があります。その意味を追及していくことが人間に課された根本的な課題なのです。

そして、たとえ悪いことでも、そこに意味があると考えることで、受けとめ方も変わってきます。最初悪いと感じたとしても、突き詰めて考えていくなら、それは必ずしも悪いことではないのではないか。そのようにも思えてくるはずです。

これは、私が宗教学を研究するきっかけになり、その後も、宗教を理解する上でもっとも重要だと考えてきた「イニシエーション」の考え方に通じるものです。

†今私たちに課せられた試練

イニシエーションは、「通過儀礼」としてとらえることもできますが、人生の重要な場面で訪れる試練と、それを克服することを意味します。現代の成人式にはそうした面はあまり見られませんが、伝統的な社会では、成人式には試練が伴い、それを克服しなければ大人とは見なされませんでした。

人間が生きていくならば、さまざまな場面で困難な状況に直面します。勉強でも、仕事でも、あるいは恋愛でも、困難な状況に陥り、なんとかそこから脱していかなければならなくなることがあります。でも、その困難な状況を乗り越えることができれば、私たちは成長し、次の段階に進むことができます。イニシエーションを果たし、成長していけるのです。

宗教における修行などは、人為的に試練を課すものです。厳しいものであれば、克服に失敗することもあり、それは、その後の人生に影響を与えることにもなってきます。失敗者という烙印を押されることにもなるのですが、それもまた試練ととらえることで、新たなイニシエーションの機会に変わっていきます。

私は、こうしたイニシエーションという考え方に出会い、それについて研究を深めていくことで、あらゆる事柄がこの観点からとらえられるのではないかと考えるようになってきました。そうなると、実生活で困難に直面しても、これは自分にとっての試練、イニシエーションなのだととらえ、これさえ克服できれば、よりよい状況が生まれるはずだと思えるようになってきたのです。前途に希望が持てるようになったのです。

最初、悪いと思えたことも、それがイニシエーションの機会を与えるものであるなら、むしろチャンスに転じていきます。

イニシエーションは、死とその後の生まれ変わりととらえることもできます。困難な状況に直面したとき、それまでのあり方ややり方が通じなくなるわけですから、それで古い自分が死んだことになります。肉体的な死ではなく、精神的、あるいは象徴的な死です。

そして、イニシエーションを克服することで、新しい人間として生まれ変わっていくのです。死後の生まれ変わりは輪廻転生になりますが、生きている間にもそれと同じことがくり返されるのです。これまでの自分の人生を振り返ってみれば、あれが自分にとってのイニシエーションだったのではないかと思い当たることもあるでしょう。

コロナの流行は、人類全体にとっての試練で、その意味でイニシエーションの機会ともなったはずです。果たして私たちはその試練を乗り越えたと言えるのかどうか、それをはっきりさせるには検証の作業が必要です。

人生が長くなったことも、実はイニシエーションの機会を与えるものかもしれません。長い人生をいかに生き抜いていけばいいのか。死生観Aの時代のように、単純に

「死ぬまで生きよう」と考えているだけでは済まなくなってきました。仕事からリタイアした後に、どう生きていけばいいのか。そうした課題が、今や私たちに突きつけられているのです。

次には、その課題に取り組むための方向性について考えることにしましょう。

超然として「こころの出家」を果たす

†「定年」という大きな区切り

平和ということは誰もが望むことですが、個人としては、いかにしてこころの平安を得るかが重要になってきます。それはいかにして実現できるものなのでしょうか。

ここでは、「出家」ということの意味を少し考えてみたいと思います。

そもそも人が生きていくなかでは、区切りとなるような出来事がさまざまに起こります。

子どもの時代であれば、学校への入学や卒業が大きな区切りになります。

伝統的な社会では、「元服」を経て大人の仲間入りをすることが大きな区切りとなりました。結婚し、新たに家庭を築くことも、その一つです。

年老いてから待ち受けているのが「定年」です。戦後の日本社会では、企業に雇われる人たちが増えてきましたから、それに比例して、定年を迎える人の数も増えてきました。

定年の規定は、すでに古代の律令にありました。もっとも古いものが奈良時代の七五七年に制定された「養老律令」で、そこには、「凡そ官人年七十以上にして、致仕《ちし》聴《ゆる》す」と記されています。官吏は七〇歳になったら職を辞することを許されるというのです。ただこれは、辞職を許されるのであって、辞職しなければならないということではありません。実際、七〇歳を超えても働き続けた官吏がいます。

安倍晴明《あべのせいめい》と言えば、有名な陰陽師《おんみょうじ》ですが、陰陽師は中務省《なかつかさ》の陰陽寮に属する官吏でした。晴明は九二一年に生まれ一〇〇五年に亡くなったとされていますが、ちょうど栄耀栄華を極めた藤原道長と同時代人です。ですから、道長の『御堂《みどう》関白記』に晴明が登場します。

道長が新しい屋敷に引っ越しをしたときのことですが、そこに晴明が呼ばれ、新しい屋敷に入るための「新宅《しんたく》の作法」という儀式を行ったのです。このとき晴明は八四歳で、その年に亡くなっていますから、七〇歳をはるかに越えて死ぬまで働き続けたことになります。現代流に言えば、真面目な公務員だったことになります。

近代においてもっとも古い定年制度は、一八八七年に制定された東京砲兵工廠《ほうへいこうしょう》の職工規定に示されています。東京砲兵工廠は陸軍の兵器工場でした。その際の定年は五五歳でした。今の感覚では、随分と早いと受け取られるでしょうが、この時代の平均寿命はまだ五〇歳に達していませんでした。定年制度が一般の企業に広がるのは戦後になってからのことですが、当初の段階ではおおむね五五歳で、定年制度をもうけていない企業もありました。働ける間は働き続けるということだったのでしょう。

定年は、長くその企業で働いてきた人にとっては大きな区切りになります。現在では、定年の年齢は引き上げられ、六五歳というのが一般的でしょう。

大学の世界だと、正規の教員として働きはじめる年齢が遅いので、国立大学は六五歳くらいですが、私立大学になると六八歳、あるいは七〇歳定年が多いのではないでしょうか。

定年と年金の受給年齢とは重なっています。長く官庁や企業に勤めたのであれば、退職金も入ります。その後は、悠々自適の生活を送る人も少なくないでしょう。年金額が少なく、働くとしても、正社員としてばりばり仕事を続けるわけではないので、生活環境は大きく変わります。

定年も、人生において数多く訪れる通過儀礼の一つということにもなります。ただ、成人式では子どもから大人へ、結婚式では未婚から既婚へと、新しい身分を獲得するのとは違い、むしろ身分を失う点で、その性格は違うのかもしれません。

定年は、すでに述べた隠居と近いとも言えます。家督を譲って隠居し、本来自分がやりたい仕事をするようになる人たちがいたように、定年で仕事から解放され、好きなことをするようになる人もいます。

私の父の場合、勤めている間に会社が二度も倒産し、かなり苦労をしていました。賞与などまったくないという生活も長く続きました。それでも定年後は、出身大学の弓道部の理事長をつとめ、一人でワープロを打って、『弓道部八十八年史』という分厚い本を作り上げました。狭い世界でのことではありますが、そこに貢献したことは間違いありません。

昔の時代であれば、仕事を辞めてからの通過儀礼の一つとして、「先祖になる」ということがありました。

先祖になるためには、命をまっとうする必要があるわけで、死後ということになりますが、家長として懸命に働き、子孫に資産を残すことができれば、亡くなった後、先祖として子孫から敬われ、祀られるようになります。家というものが経済的に重要な場であった時代には、先祖になることが大きな目標にもなったのです。そのあたりのことは、民俗学者の柳田國男が、『先祖の話』という本に書いています。

†出家という日本の伝統

人生の決定的な区切りということで、一つ考えてみる必要があるのが「出家」です。出家は仏教の考え方で、世俗の生活を捨てて、僧侶としての生活を歩みはじめることを意味します。

仏教はインドにはじまり、中央アジアを経て中国へと伝わるなかで変化を遂げていきますが、出家はインドの時代からありました。仏教の開祖となった釈迦自身が、すでにふれたように、人生の苦に直面し、出家して修行の道に入りました。そのなかで悟りを開き、それ以降は、自らの悟りの内容を説いて回ったと伝えられています。

釈迦が出家したのは、現実の世界が苦に満ちていることを認識するようになり、そうした苦から根本的に解放されるには、世俗の生活を捨てなければならないと判断したからです。ただこれは釈迦がはじめて行ったことではなく、インドの古くからの伝統でもありました。

仏教が広がって以降、多くの出家者が生まれました。彼らは世俗を離れた生活を送ることによって、なんとか釈迦の悟りに近づこうと試みたのです。

仏教自体は、一三世紀にいったんはインドで消滅してしまいますが、出家の伝統が途切れることはなく、今日でもインド国内には「サドゥー」と呼ばれる数多くの出家者がいます。

こうした出家の伝統は、中国を経て日本にも伝えられました。僧侶になるためには、出家することが前提となったのです。

現在の日本で出家する人の多くは、寺に生まれ、寺を継ぐことになる人たちです。僧侶の地位が世襲されるようになるのは、実は戦後のことで、それ以前は弟子が寺を継ぐのが一般的でした。今でも、子どもではなく、弟子が継ぐこともあります。また、寺に生まれたわけではない在家の人間が、出家することもあります。

ただ、時代を遡ってみると、出家をめぐる状況は今とは大きく違います。必ずしも僧侶になることを目的とせず、出家する人たちが少なくなかったのです。

天皇が譲位することは、昔はむしろ当たり前で、上皇となり「治天の君」として政治上の実権を握ることがくり返されました。いわゆる「院政」です。

その際、上皇が出家して、「法皇」として院政を行うことがありました。そのはじまりは第五九代の宇多天皇であったとされます。

出家したのは、上皇だけではありません。貴族も武家も出家しました。武家で出家した代表が平清盛や武田信玄です。

このように出家した権力者の場合、寺に入り、僧侶としての生活を送る者もいましたが、多くは寺などには属さず、出家する前と同じ生活を送りました。武家なら、剃髪し、僧服を着て戦場に赴くこともありました。白河法皇のように、出家した後に養女を愛人として、その間に子どもを儲けたような例もありました。

こうなると出家に意味があるのかということにもなってきますが、頭を丸めることで一つの区切りになったことは確かです。武士であれば、戦場で人を殺し、仏教で戒められた殺生をするわけですから、罪深い生活を送ってきたという自覚があります。それでも、なんとか地獄には落とされたくはない。出家には、罪滅ぼしとしての面がありました。

このように、上皇や貴族、武家といった権力者が出家することは、中国や朝鮮半島では見られなかったのではないでしょうか。

南朝梁《りょう》の初代皇帝だった蕭衍《しょうえん》は武帝として君臨し、仏教に多大な関心を寄せ、寺に対して莫大な布施をしました。また皇帝自身、戒律にのっとった生活を送り、そこから「皇帝菩薩」とも呼ばれましたが、出家したわけではありません。どうやら権力者が出家する伝統は、日本で生まれたもののようです。

こうした伝統は、近世以降になると廃れていきます。徳川幕府の将軍のなかに出家した者はいませんし、大名家でも同じです。将軍の后が、将軍の死後出家することはありました。これは、将軍の菩提を弔うためでした。

実は、現代でも出家する人は膨大な数に達しています。

そんなことを言い出せば、嘘だろうと言われるに違いありません。

しかし、仏教式の葬儀で葬られた人の多くは、その際に出家しているのです。

現在の仏教式葬儀のやり方を開拓したのは曹洞宗です。曹洞宗は禅宗ですから、不思議に思われるかもしれませんが、禅の修行道場を成り立たせるには経済基盤が必要で、そのために葬儀のやり方を開発して、曹洞宗はそれを広めたのです。

†実は私たちは出家している

その際、葬儀の核心とされたのが「授戒」という行為です。僧侶になる際には、多くの戒を授けられることになります。その前の段階では「剃髪」が行われます。

葬儀の際には、死者の髪の毛を実際に剃るわけではありませんが、その真似事をします。その上で戒を授け、その証として戒名をつけるのです。

こうしたやり方がとられたのは、修行中の雲水が亡くなったときの葬儀のやり方をもとにしてからです。雲水は正式な僧侶ではありません。その点で在家の信者と同じなので、雲水のための葬儀のやり方が一般の人々の葬儀にも応用されたのです。

この曹洞宗が開発した葬儀のやり方は、他の宗派にも広がりました。同じ禅宗の臨済宗をはじめ天台宗や真言宗、さらには浄土宗にまで広まりました。取り入れなかったのは浄土真宗と日蓮宗です。この二つの宗派には、僧侶に戒を授けるということがありませんでした。したがって、この二つの宗派では戒名とは言わず、死者に授けられる名を法名や法号と呼びます。

葬儀を出す遺族の側は、死者が出家したとは考えてもいないことでしょう。導師をつとめた僧侶から、説明を受けたとしても、果たしてすでに亡くなっている人間が出家して何の意味があるのかと、納得することはできないかもしれません。

こうした点も、仏教式の葬儀が時代にそぐわないものになっている一つの原因です。戒名は仏弟子になった証であると説明されることが多いのですが、実は死後に出家したことになるのです。

葬儀の際に戒名は位牌に記され、墓石や墓標にも刻まれます。一般葬が広く行われていた時代には、参列者のなかに戒名をしげしげと眺め、戒名にどれだけ支払ったのだろうと見定めようとする人たちもいました。今は参列者自体が身内に限られるわけですから、立派な戒名を授かり、それを世間にむかって誇示する意味はなくなりました。

曹洞宗に発する仏教式の葬儀が受け入れられたのも、死者をなんとか成仏させたいという願いを遺族の側が抱いたからです。

しかし、死者に戒を授けても、もう生命活動を行わないわけですから、戒を破ることはありません。果たして戒を破ることのない死者に授戒は必要なのでしょうか、当然、そうした疑問が湧いてきます。

やはり、授戒は生きている人間にとって意味のあることで、出家にしても、死んだ後ではその本来の目的とは根本からずれてきます。

現代でも、寺に生まれたわけではないのに出家した人たちがいます。有名なところでは、経済人の稲盛和夫さんや作家の瀬戸内寂聴さんの例があげられます。

稲盛さんは大手電気機器メーカーである京セラの創業者で、「経営の神さま」と呼ばれましたが、六五歳になったのを機に仏門に入ります。京都にある臨済宗妙心寺派の円福寺で得度し、剃髪して「大和」という僧名を授かっています。

実際に剃髪したわけで、その際の写真も残っています。托鉢にも出て説法さえしたと言いますから、僧侶に近い生活を送ったこともあったようですが、その後は、経済人に戻っています。

瀬戸内寂聴さんの場合には、夫の教え子と不倫したり、子どもを捨てて家を出たり、あるいは、第一章でふれた作家の井上光晴さんと不倫（井上さんが結婚していたので）したりと、奔放な人生を歩みましたが、井上さんとの関係を絶つために五一歳で出家しています。

瀬戸内さんを出家得度させたのは、中尊寺の貫首で作家でもあった今東光さんでした。今さんも在家の出身で、出家した後も参議院議員に当選した経験がありました。

中尊寺は天台宗の寺ですから、瀬戸内さんも天台宗で出家しています。天台宗の僧侶になるには、総本山である比叡山にある行院《ぎょういん》で修行をしなければなりません。瀬戸内さんには、出家に至る心境をつづった『比叡』という小説がありますが、そこには、行院でどのような修行を行ったかも記されています。

九九歳まで生きた瀬戸内さんは、膨大な数の小説やエッセーを残していますが、『源氏物語』の現代語訳も重要な仕事の一つです。現代語訳は出家した後に行われています。『源氏物語』では、平安時代における仏教信仰を背景としていますから、出家した瀬戸内さんには相応しい仕事だったと言えます。

こうした著名人でなくても、寺に生まれたわけではないのに出家する人たちはいます。ただ、多くの場合には、僧侶としての生活をするためで、寺の住職になっていくのです。

その点では、かつての権力者のように、あるいは稲盛さんや瀬戸内さんのように、人生に大きな区切りをつけるために出家する人は限られています。

†「こころの出家」のすすめ

年取ってからの区切りは、この章の最初の部分で述べた定年になるわけですが、定年は自ら望んでするものではなく、企業が定めた規則にもとづいて行われます。強制されるとも言えます。もっと働きたくても、定年が来れば、仕事を辞めざるを得ないのです。

私は、大学を卒業した後大学院に進み、修士課程を二年で終えた後、博士課程に進みました。博士課程は三年で終わることになるのですが、結局私は五年間在籍していました。

当時の文科系の大学院生というのは、かなり中途半端な状態にありました。というのも、博士論文を書かせてもらえなかったからです。私たちを指導する教授のほとんどが博士号を持っていませんでした。今は、博士課程に在籍している間に博士論文を書くのが常識になっていますが、昔はそうではなかったのです。

博士課程には最長五年しか在籍できませんでした。五年が過ぎると、博士論文を書いて博士号を取得していないので、退学しなければなりません。私も退学願いを提出したのですが、そのとき、「別に退学したくてするわけではないのにな」と思ったことを記憶しています。私は定年を迎えて退職した経験がないのですが、定年に達した時、そのように感じる人もいるかもしれません。

定年が強いられたものであるのに対して、出家は自らが望んで行うものです。その点で、人生における大きな区切りとしてより重要なものと言えます。

ただ、実際に出家をするとなると、それは容易なことではありません。

天台宗だと、比叡山の行院での修行は二カ月に及びます。それさえ経れば出家できるわけではなく、天台宗の僧侶になる人たちは、宗門の大学である大正大学などで学ぶ必要があります。

修行期間は宗派によって変わり、曹洞宗だと、総本山の永平寺などで最低一年間にわたる修行を実践しなければなりません。永平寺での修行については、ＮＨＫが何度も番組にしてきましたが、修行が続く間は世俗の社会と関係を切った生活を続けなければなりません。しかも、一年では終わらず、それ以上修行を続ける雲水が少なくありません。

浄土真宗だと、宗祖である親鸞が妻帯したこともあり、僧侶と在家の信者である「門徒」との間の区別が明確ではありません。その点で、長期にわたる修行を求められません。ですので、浄土真宗で出家するという道は開かれているかもしれませんが、在家との区別が曖昧な分、本当に出家したという実感は得られないかもしれません。

では、現実の出家が難しいとしたら、どうしたらよいのでしょうか。

一つ考えられるのは、実際に出家するのではなく精神的な面で出家することです。仮にそれを、ここでは「こころの出家」と呼ぶことにします。

出家という行為は、世俗の生活を捨てた先にあるもので、世俗の生活を続けていては、そこで必ずや生まれてくる苦を避けることもできなければ、それを克服することもできないと考えられるからです。そこで、世俗の生活からは距離をおき、それによって悟りを開くなり、精神的な豊かさを追及しようというわけです。

ただ、出家して僧侶になったとしても、それは一般の社会とは違う別の世間、つまりは僧侶集団のなかに加わることになり、そこにはそこ特有の煩わしいことがついてまわります。

寺は檀家によって経済的に支えられるものですから、その分、寺の住職は檀家の意向を汲んでいかなければなりません。現代では、檀家の数が減ってきているわけで、そうなると寺の経営をどうしたらいいのか、それに悩まされるようにもなってきます。

そうであるならば、平穏で煩わしさの少ない生活を求めるために、本当の出家をするよりも、こころの出家をした方が好ましいかもしれません。

†「超然とする」という決断

こころの出家では、精神的な面で世間から一歩距離をおくことになります。世の中ではさまざまな出来事が起こり、どうも納得できないということが少なくないでしょう。政治家の姿勢がひどく気にかかったり、他人の振る舞いが間違っていると感じられたりするような場面に遭遇します。自分のこれまでの経験からすると、そんなことはあり得ないというような問題はいくらでも起こります。

そうしたことにいちいち目くじらを立てるのではなく、そこは一歩引いて、事態を静観してみてはどうでしょうか。そこに巻き込まれるのではなく、ひとまず距離をおくのです。

そもそも気になったことは、自分にとってどれほど重要なのでしょうか。それを批判したり、あげつらったりして、何の意味があるのでしょうか。

実際には、あまり意味のないことばかりではないでしょうか。

現代では、情報環境が整備されることによって、多くの情報がもたらされるようになってきました。昔は新聞やラジオ、テレビがその役割を担っていましたが、インターネットが普及し、ほとんどの人がスマートフォンを日常的に使うようになったことで、私たちのところに世界中の情報が一挙にもたらされるようになってきました。

もちろん、そのなかには、私たちの暮らしに直接影響を及ぼすことも含まれています。税金や社会保険料が増えるとか、近所に大型スーパーができるとかいったことです。

しかし、ほとんどの事柄は自分には直接関係がありません。海外で悲惨な出来事が起こり、そのニュースに接して、こころを痛めるということはあるでしょう。大規模な地震などの災害が起これば、義援金を寄付するなどはできますが、他のことについては、私たち個人ではどうしようもないことばかりです。

いちいちそうしたことに反発し、怒りをあらわにしてみても、それは現実を変えることには結びつきません。

世の中に起こる出来事に、多くの人が無関心だからこそ、不正が蔓延《はびこ》り、問題が解決しないのだという主張もあります。しかし、世界中で起こる問題はあまりにも多く、解決が容易でないものばかりです。

とくに、年をとってくると、世間で起こることは、「いかがなものか」と疑問を感じることが多くなってきます。そこで何かと口を挟みたくもなってくるのですが、それでは、こころの平安には結びつきません。

ここは思い切って割り切ってしまい、自分には関係のない事柄については、あえて関心をもたない、どんなことでも放っておいてみてはどうでしょうか。

「超然とする」ということばがあります。辞書を引いてみると、「世俗にこだわらず、そこから抜け出ているさま」(『広辞苑』第五版)とあります。ただ、世間のことに関心をむけないようにすると言うと、たんなる無責任にも思えますが、超然とするとなると印象は大きく変わってきます。

今はSNSといった便利な道具があり、自分の考えを簡単に発信することができます。

「これは間違っている」「どうかしている」と思ったとき、それをいくらでも批判することができます。その声がどこまで届くかは分かりませんが、原理としては、日本中に、さらには世界中に伝えることができます。

しかも、それを見た人々から反応があり、「いいね」を貰ったりすることができるわけです。それによって、自分の意見が認められたと自信が持てるようにもなってきます。

しかし、そこには「炎上」といった罠も待ち構えています。誰かに支持される発言は、逆にそれを支持しない人々がいることを意味します。

そして、批判を受ければ、どうしてもそれに反論したくなってきます。「それは誤解だ」と思うような見解も目にします。強く反論すれば、さらなる反発も大きく、それこそ大炎上に発展していきかねません。

超然としているならば、そうしたことは起こりません。「いいね」を貰えない代わりに、こころの平安を得られるのです。

重要なのはどこかで踏ん切りをつけ、これからはこころの出家を果たし、超然としているのだと決断することです。

ただこれは簡単なようでいて、意外と難しいかもしれません。

そこには、一つ解決しなければならない重要なことがあります。それが次に考える「怒り」の問題です。

第八章　腹が立つのは私たちが無知だからではないのか

†怒りん坊だった新渡戸稲造

こころの平安を求めて、こころの出家を決意したとしても、現実はままならないもので、怒りを感じるようなことが少なくありません。それでこころが乱されてしまうのです。

だからでしょう、世の中には、怒りについての本があふれています。

一番多いのは、いかにして怒りをなくすのか、その方法を教えてくれる本です。

たとえば、『[図解]アンガーマネジメント超入門　「怒り」が消える心のトレーニング』（安藤俊介、ディスカヴァー・トゥエンティワン）や『「しつこい怒り」が消えてなくなる本』（石原加受子、すばる舎）といったものです。『怒り――心の炎を静める知恵』（岡田直子訳、河出文庫）の著者は、ティク・ナット・ハンというベトナム人の著名な僧侶です。内外の宗教家が怒りの鎮め方を伝授した本は、かなりの人気を集めています。

こうした本は昔からありました。その代表となるのが、新渡戸稲造の『世渡りの道』というものです（現在は文春学藝ライブラリーに収録）。

新渡戸と言えば、すぐに『武士道』という本の名前が上がります。『武士道』は、新渡戸が体調を崩し、アメリカのカリフォルニアで療養していたときに英文で書かれたものです。新渡戸の妻はアメリカ人でした。英文の本が出たのは一八九九年のことで、日本が日清戦争に勝利した直後です。そのため、『武士道』は海外で広く読まれました。

新渡戸は盛岡藩の武士の家に生まれていますから、武士の世界について知っていたことは間違いありません。ただし、幕末の生まれなので、彼自身には武士としての経験がありませんでした。

その点で本の内容には観念的な部分があります。しかも新渡戸は、『武士道』のなかで、日本の書物ではなく、主に英文の書物を引いています。私は、『武士道』は日本人が書いた英文学の作品として理解した方がよいのではないかと考えています。

その新渡戸が、日本に戻ってきて、第一高等学校（今の東京大学の駒場にある教養学部）の校長に就任した後、一九一二（大正元）年に書いた本が『世渡りの道』でした。

武士道と世渡りの道では、随分と隔たりがあるようにも思えますが、新渡戸は、人間が社会に生きる存在であることを踏まえた上で、いかに生きるべきかを説いています。

『世渡りの道』の第四章は、「怒気抑制法」と題されています。いかに腹を立てないで済ませるのか、新渡戸はその方法を探っています。それもまた、世を渡っていく上では必要なことだというわけです。

新渡戸は、「僕は生来短気で、気に障ると忽ち怒気を発し易かった」と述べていますから、相当な怒りん坊だったのでしょう。『武士道』の新渡戸がこんな文章を書いているかと思うと、少し親しみが湧いてきます。

新渡戸は、怒気抑制法を八つあげていますが、三番目にあがっているのが、「対手(相手のことです)を馬鹿者扱いする抑制法」で、四番目が「対手を憐れな者と思う抑制法」です。

このタイトルを見ただけで、その方法がどういうものか見当はつきます。

要するに、相手を見下すことで怒りを抑えようとするわけです。ほかにも新渡戸は、「他事に紛らす抑制法」や「自分が悪かったと思う抑制法」などについて説明していますが、どれも実際に本人が実践した方法であるようです。馬鹿者扱いは、現代ならさしづめ「マウントをとることで怒りを抑える」といったところでしょうか。

しかし、相手を馬鹿にしたり、憐れんだりすることで怒りを抑えるというのは、果たして有効な方法なのでしょうか。

むしろ、そのように自分の方が優れている、自分の方が立派な人間なのだと考えていること自体が怒気を生みやすい状態を作り上げているように思えます。

新渡戸は第一級のエリートとして生きてきましたから、自分はひとかどの人物だという自負があったはずです。なにしろ、エリート養成校である一高の校長だったわけです。

小説家の芥川龍之介は、新渡戸が校長をしていた時代に一高に入学しますが、新渡戸の教育方針が気にくわなかったようです。一九一六（大正五）年に「手巾《ハンケチ》」という新渡戸をモデルとした作品を書いていますが、芥川は明らかに主人公を馬鹿にした書き方をしています。

「手巾」の主人公は、当時の歌舞伎界の名優、六代目尾上《おのえ》梅幸《ばいこう》のことも知らないにもかかわらず、ストリントベルクの作劇術の本を読んでいる、本当のところは芸術に理解のない人物として描かれています。

芥川には、新渡戸に対する怒りがあったのでしょうが、それを、新渡戸を馬鹿者扱いすることで晴らそうとしたかのように見えます。まさに「対手を馬鹿者扱いする抑制法」です。

新渡戸の方は怒りを抑制する方法を、いろいろと考え出しているわけですが、まず考えてみる必要があるのは、人はなぜ怒るのかではないでしょうか。その原因が分からなければ、怒りを抑えることもできないはずです。

†満たされないから人は怒る

分かりやすい怒りの原因としては、欲望が満たされないときが考えられます。人間の三大欲求は「食欲・性欲・睡眠欲」になりますが、腹が減っているとき、性欲が高まっているとき、睡眠が足りていないとき、人は怒りやすくなります。これは、誰もが経験していることのはずです。

逆に、人間は正直なもので、こうした欲求が満たされていると、腹を立てることが少なくなります。

これを利用している人もいます。

その方は著名な評論家ですが、講演会やシンポジウムなどで、他のパネリストや質問を投げかけてくる参加者に対して、激しくくってかかることがあります。それによって、論争を優位な方向に導いていくのです。

たまたま、私はその評論家の方がシンポジウムに臨む前の姿に接することがありました。そこには簡単な食事が用意されていたのですが、評論家は手をつけませんでした。空腹の状態で臨むことでテンションを高め、ときに怒りを爆発させて圧倒するというのが、その方の戦術だったのです。

「腹が減っては戦ができない」ということわざがありますが、それとはまさに逆です。論争では、実際に武器をもって戦うわけではないので、空腹が有効性を発揮するのです。

私も、似たようなことをしたことがあります。

クレームの電話をかけるとき、わざと昼食前の空腹の時間を選んだのです。満腹だと、こころに余裕があり、クレームをつけることばに力が入りません。そこで、食欲が満たされていない状態を生かすことを考えて実践したのですが、今ではそれは間違ったことだと反省し、そうした戦術をとらなくなりました。クレームをつけること自体やめてしまいました。

苦情を受け付ける側も、最近では、相当に努力と工夫をしていて、クレームをつけてきた人間を決して怒らせないようにしています。たとえば、何かのサービスをやめたいという電話をかけると、理由など一切聞かず、そのまま、しかも実に懇切丁寧に停止の手続きをしてくれるのです。

たしかに、相手を威圧しようというときには、怒りは有効です。ですから、『怒れない人は損をする！——人生を好転させる上手な怒りの伝え方』（片田珠美、新潮社）のように、有効な怒り方を指南してくれる本も出ています。

実際、怒ることが奨励されることがあります。とくに政治的な問題に対してです。社会正義にもとづく怒りは、社会を変えるための不可欠な手段だというのです。私が学生だった時代は、学生運動の余波が続いていたので、そうしたことが言われることが多かったように思います。

実は、私には怒りについてじっくりと考えてみた経験があります。それは大学四年生のときのことで、理想社会の建設をめざすヤマギシ会の研修会に参加したのです。

この研修会は「特別講習研鑽会」と呼ばれていて、「特講」が略称です。特講はおよそ一週間の課程で、いろいろな課題に取り組むのですが、二日目に「怒り研鑽」というものが用意されています。

研鑽は、ヤマギシ会に独特な用語で、あらゆる事柄をそのもとに遡って検討してみることを意味します。怒り研鑽の目的は、怒りの正体を明らかにし、それをなくしていくことにありました。

やり方は簡単です。特講にはヤマギシ会の人間が数人、係として参加しているのですが、係から参加者に対して、最近腹を立てた出来事について話すよう求めてきます。参加者は、それに答え、腹が立った出来事について語るのですが、その説明が終わると、係は、「では、○○さん。そのときなんで腹が立ったんですか」と聞いてくるのです。

そう聞かれれば、参加者の方は、腹が立った理由について語ります。相手の対応が理不尽だとか、こんなことをされたら誰でも腹を立てるとか、人によってそれぞれですが、理由を述べていきます。

すると係は、また「○○さん。そのときなんで腹が立ったんですか」と聞いてきます。同じ問いを投げかけてくるのです。

参加者の側は、自分の説明が十分でなかったのだと考え、より詳しく理由を語っていきます。

ところが、係の対応は変わりません。同じように、「〇〇さん。そのときなんで腹が立ったんですか」と聞いてくるのです。これが何度もくり返されます。同じ問いがくり返されるので、そのこと自体に腹を立てる参加者も出てきます。あるいは、どう説明すればよいかがわからなくなり、黙り込んでしまうような参加者もいます。

たとえどんなことが起こっても、係の方は姿勢を変えません。同じことを聞いてくるのです。こうした状態がずっと続きます。

私の特講では、怒り研鑽は昼食の後からはじまり、延々と夜中まで続き、夜中の一二時をまわっても終わりませんでした。

すると不思議なもので、参加者のなかに「腹が立たなくなった」と言い出す人間が出てくるのです。

私の場合は、同い年の女子大生が語ったことばがきっかけになりました。彼女は、「そのときは腹が立ったけれど、今その時のことを振り返ってみると、腹が立たない気がする」と言ったのです。

それを聞いて、私のなかに何か温かいものが湧き上がってきて、「ああ、腹を立てることなどないんだ」と感じるようになったのです。

腹を立てるのは当然ではない

このように説明しても、何のことかさっぱり分からないと言われるかもしれません。こうした経験は、ことばにして説明しづらいものです。これまで食べたことのない食べ物の食レポを聞くようなものかもしれません。

それに、腹が立たなくなる体験をしたとしても、それ以降、まったく腹が立たなくなるわけでもありません。私はその後、ヤマギシ会の考え方に共感して、一時そのメンバーになり、ヤマギシ会の共同体で半年余り生活しましたが、腹を立てるメンバーもいました。私自身も、まったく腹が立たなくなったわけではありません。

ただ、怒り研鑽を経験することで、怒りに対する見方が変わったのも事実です。

それまでは、腹を立てるということは、誰にでもある当たり前のふるまいであると考えていました。

ところが、怒り研鑽を経て、その前提が崩れたのです。腹を立てるのは当たり前のことではないし、正しいことではないのではないか、そのような見方に変わったのです。

空腹のときに腹が立ちやすいことについては、すでにふれました。同じ出来事に遭遇したとしても、空腹か満腹かで態度が変わってきます。空腹のときには怒り心頭に発したのに、満腹だと格別気にならないということがあります。

空腹かどうかだけではなく、他の要因もそこにかかわってきます。重要なのは、その出来事が必ず怒りに結びつくわけではないということです。腹を立てるのは立てる側の状況や事情によるところがとても大きいのです。

となると、腹が立つ出来事はそもそも存在しないことになります。その出来事が必ずや怒りを生むことにはならないからです。

昔腹を立てたことを思い出して、さらに怒りを募らせることもありますが、たいがいの場合、「なんでそんなことに、自分はあんなにも腹を立てたのだろうか」と疑問になり、笑い話のように思えてくることもあります。

怒り研鑽で、腹が立たなくなったと言い出す人間が出てくるのは、腹を立てた出来事が過去のことで、それについて語っている場面とは時間的な隔たりがあるからです。隔たりがあることで、その出来事を冷静に客観的に思い起こすことができ、自ずと、前の章で述べたように、超然とした態度で臨めるのです。

重要なのは、腹を立てるのは当然ではないということです。どんなことでも、腹を立てないですませることができるのです。

そうなると、腹が立ったときでも、とらえ方が変わってきます。もしかしたら、これは腹を立てるべきことではないし、腹を立てたことで事態を余計に悪化させてしまったのではないか、と思えるようになるのです。

そこには、決定的な違いがあります。

そもそも私たちは、腹を立てたとき、そのきっかけとなった出来事や相手の発言を正確に理解できているのでしょうか。そこからして考え直す必要があります。誤解が含まれる可能性があるからです。

†相手の真意をどこまで深く理解しているのか

最近では、情報化が進んだことで、偽の情報である「フェイク・ニュース」が数多く出回るようになりました。SNSなどで、そうしたニュースに接することが多いのですが、もっともらしいフェイク・ニュースを真に受けてしまい、それで、そこで取り上げられた政治家などに腹を立てたりします。ところが、しばらくして、それがフェイク・ニュースだと分かると、後味が悪い思いをするはめにもなってきます。

相手の発言にしても、その真意を誤解することはいくらでもあります。もちろん、相手の言い方に問題があったりもするのですが、私たちにとって、自分の思いを正確に伝えることは相当に難しいことです。

たとえば、映画『ローマの休日』に出てくる「スケジュール」ということばについては第一章でふれました。アン王女は、このことばが嫌いで、それで泣き出し、宮殿を逃げ出してしまったわけですが、そんなことはアメリカ人の新聞記者は知りません。

それで、カフェでこのことばを口にしてしまい、王女の機嫌を損ねてしまうのですが、新聞記者が悪いわけではありません。ただ、王女がスケジュールということばに拒否反応を示すことを知らなかっただけです。

そうしたことは至る所で起こります。映画のなかで、記者からスケジュールということばを聞いて、王女が激怒したわけではありませんが、脚本が違うものになっていた可能性だって考えられます。王女が激怒し、事情の分からない記者が困惑してしまうという方向に話を持って行くことだってできたはずです。

同じ『ローマの休日』から、なかなか真意は伝わらない箇所をもう一つ指摘することができます。これは、観客には無理な要求でもあるのですが、宮殿に戻ってきた王女が記者会見に臨み、そこに記者も同席するという場面がそれです。

その場で王女が「わたしは国と国との友情を信じたいと思います。人と人との間に友情があるように」と発言すると、記者はそれに答えて、「王女様の信念が裏切られることはないでしょう」と述べる箇所があります。

これは、記者の側が、王女がローマの街で経験した数々の出来事を記事として発表する意志がないことをはっきりと示したものとしてとらえることができます。確かに、表向きはその通りです。

ところが、この映画の脚本を書いたダルトン・トランボという人物の歩んできた道を考えてみると、真意はそれだけにとどまらないのではないかと思えてきます。

というのも、アメリカ共産党に入党していたトランボは、戦後のアメリカで起こった「赤狩り」、つまりは共産主義者に対する弾圧の対象になり、刑務所に入れられる体験までしているのです。

その際には、仲間の裏切りといったことも経験したはずです。となると、トランボにとって、友情や裏切らないということは、人間のあり方としてもっとも重要なこととしてとらえられていた可能性があります。『ローマの休日』の脚本も、最初彼は偽名で執筆しています。そうした脚本家の、台詞にこめた真意を読み取ることは、ただ映画を見ただけでは不可能です。

私たちは、自分の目の前にいる相手が、どういう人間で、どういった人生を経験しているか、何を考えているかを完璧に理解しているわけではありません。反対に、理解できているのはごく一部です。となると、自分に腹を立てさせた相手の発言の奥にいったいどういう気持ちが込められているのか、私たちはほとんどそれが分かっていないことになります。

†間違いだらけの私から出発する

いったい私たちは、世の中で起こる出来事について、どれだけ正確な知識を持ち合わせているのでしょうか。ほとんど理解できていないというのが、実情なのではないでしょうか。

これに関連すると思われるのが、仏教で説かれる「十二縁起」という考え方です。仏教の教えは、本来なら開祖である釈迦に遡るものであるはずですが、現実には、生前の釈迦がどういった教えを説いたのか、正確なことは分かっていません。なにしろ、各種の仏典が生まれるのは、釈迦が亡くなったとされる時代からかなり後になってからのことだからです。

したがって、十二縁起が本当に釈迦の教えなのかどうかは問題ですが、最初期の仏典、たとえば、パーリ語で記された『スッタニパータ』には、十二縁起が説かれています。

これは、釈迦が出家しなければならなかった生老病死の苦が、どういったところから生まれてくるのかを説明したもので、苦を遡っていくと、最後「無明《むみょう》」に行き着きます。無明とは、物事の根本が分かっていない無知を意味します。人間は無知であるからこそ苦を感じてしまうというのです。

こうした十二縁起の考え方は、大乗仏教の段階になると、むしろ否定されます。『般若心経』では、十二縁起自体が実は無であり、空であるとされています。

しかし、怒りということを考えていくと、無知が根本にあるとする十二縁起の考え方は、十分に意味のあるものとしてとらえられるのではないでしょうか。

私たちは根本的に無知なのです。無知であるがゆえに、さまざまな出来事に翻弄され、真実を知らないまま腹を立てたりしているのです。

腹が立つきっかけになった出来事や発言がどういったところから発しているのか、それを理解できていないために、感情的な反応をしてしまうのです。

私は数多くの本を書いてきましたが、間違ったことを書いてしまうことがあります。私はほとんどの場合、ライターに書いてもらうのではなく、自分で文章を書いていますが、その際に重要な作業が「校正」です。書いた文章に誤字や脱字がないか、それを確認していくわけですが、その作業は内容にまで及びます。書かれたことが本当に正しいのかどうか、それを調べていくのです。

校正には、著者自身もあたりますが、担当した編集者もくり返し原稿を読み、間違いを探します。さらには、校正者に依頼し、間違いを指摘してもらいます。三重にチェックが入るわけです。それによって多くの間違いが正されていきます。

しかし、それでも間違いが残ってしまうことがあります。読者からそれを指摘されることもあります。その際には、重版になれば訂正できますが、初版のままではそのまま間違いが残ってしまうことになります。

読者にしてみれば、間違いのある本は欠陥商品になるのでしょうが、現実には間違いを一掃することは不可能です。

私は、何冊もの本を出すことで、くり返しそうした経験をしてきたので、絶対に自分が正しいなどとは思えなくなってきました。記憶の間違いもありますし、とらえ方が間違っていることもあります。すでに明らかになっている事実に、すべて通じることもできません。

学術論文を書く場合には、既存の研究にあたり一つ一つ事実を確かめていくので、過ちは少ないはずです。ところが、学術論文では、校正という作業は著者だけがやることになるので、編集者や校正者のチェックは入りません。学術論文が一冊の書物として刊行されなければ、過ちは正されないのですが、学術書になると、内容が専門的な分、編集者や校正者による校正ができません。それは、学術雑誌などでの書評や、学界での議論のなかで正されていくことになります。

私たちは、自分は正しく、間違っているのは相手の方だと考えがちです。しかし、自分が正しいことに根拠があるわけではないのです。

自分が正しいと思うからこそ、腹を立て、それは当然のことなのだと考えてしまいます。しかし、そもそも自分が正しいという認識自体が根本的に怪しいものなのです。「絶対に正しい私」ではなく、「間違いだらけの私」なのではないでしょうか。

そうであるなら、本当に腹を立てるようなことなのかと、自らの行為にも疑問を持つようになっていきます。

自分は正しいのだと思い続けていると、なんで世間はそれを理解してくれないのかと、かえってそのことに苦痛を感じるようになってしまいます。

では、無知である私たちは、いったいどうしたらいいのでしょうか。

無知から脱するということは決して容易ではありませんが、少しでも事態を変えていくには、学び続けていくしかないのかもしれないのです。

第九章　学ぶことの楽しさは格別

†宣長先生の立派な教え

世の中では、さまざまな出来事が起こります。それは、私たちにとって好いこともありますが、悪いこともあります。

できることなら、好いことばかりが起こってほしい。私たちはそれを望みますが、なかなかそうはなってくれません。

そんなとき、私たちは考えます。

「なぜ世の中では、悪いことばかり起こるのか」と。

自分に悪いことばかり起こるのは、自分が何か間違いをしたからではないのか。そんな思いもわいてきます。

仏教の考え方に、「業」があります。サンスクリット語の原語では「カルマ」です。日本でも、カルマということばはよく使われるようになってきました。

仏教の生まれたインドには輪廻転生の考え方があり、私たちはさまざまな存在に生まれ変わっていくとされます。いったいどういう存在に生まれ変わるのか、それを決めるのが前世における業です。平たく言えば、前世で悪い行いをしていれば、それが現世に影響し、現世で悪い行いをすれば、どういった来世に生まれ変わるかが決まるというわけです。この考え方は、日本の社会にも浸透しています。

日本で、悪が生まれる原因について考えた人物がいます。

それが江戸時代の国学者、本居宣長です。

宣長は『古事記』について研究しました。『古事記』は正式な漢文で書かれておらず、特殊な漢字の使い方がされていたので、宣長の時代には十分に読めなくなっていました。そこで宣長は『古事記』を深く研究し、そこに何が書かれているのかを明らかにしていったのです。それは四四巻からなる『古事記伝』にまとめられていて、今日でも参照されることが少なくありません。

そうした形で『古事記』について研究するなかで、宣長が悪をもたらす存在として注目したのが、「禍津日神《まがつひのかみ》」でした。

禍津日神は、古事記に登場する神です。伊邪那美命《いざなみのみこと》を追って黄泉の国へ行った伊邪那岐命《いざなぎのみこと》が、そこから戻ってきて黄泉の国の穢れを祓ったときに、八十禍津日神《やそまがつひのかみ》と大禍津日神《おおまがつひのかみ》という二柱の神が生まれます。

宣長は、「此ノ天地のあひだに、有りとある事は、悉皆に神の御心なる中に、(中略)禍津日神の御心のあらびはしも、せむすべなく、いとも悲しきわざにぞありける」と述べています。この世界に起こる出来事はすべて神のこころにもとづくもので、禍津日神のこころが荒ぶるのは手のほどこしようのなく、悲しいこととして受けとめるしかないというのです。

随分と悲観的な考え方ですが、「せむすべなく」、つまりは仕方がないというのは宣長のキーワードの一つです。あきらめがいい、さらに言えば、いさぎよい人物でした。たしかに、起こってしまったことは元に戻すことはできません。「覆水盆に返らず」です。ましてそれが神の働きであるとしたら、人間にはどうしようもありません。ただ、神のこころが荒ぶることがないよう祈るしかないのです。前の章で腹が立つことについて考えましたが、宣長のような姿勢をとれば、腹を立てたりしなくなるかもしれません。

ここまでは前の章で述べたことと関連するものですが、この章で考えてみたいのは、無知に関連する事柄です。

私たちは、自分は偉いのだと考えていても、実は穴だらけで知らないことばかりです。五章でもふれたように、私たちは人間がどのようにして死ぬのか、そのことさえ十分には理解できていないのです。

それでも、なんとか無知から脱したいと考えるのも人間です。知らないことがあるなら、それが分かるまで学んでいけばよいのです。その点について、宣長という人の生き方は一つ参考になります。

†人生を費やした古事記の研究

宣長は伊勢松坂の大きな商家に生まれ、本来なら商人になるはずでした。その家では江戸にも店を出していたのですが、父親が早くに亡くなり、江戸の店は閉じなければならなくなります。

しかも、宣長は商売に向いていませんでした。後のことを考えれば、宣長が商人として成功したとは思えません。そこで母親は宣長を京都に留学させ、医学と儒学を学ばせます。宣長は、その後、生涯医師として生計を立てていきますが、京都で学問の道に目覚め、日本の古典文学を研究するようになります。

現代であれば、学問を志す人間は大学から大学院へと進み、研究職をめざします。研究職につければ、生活を成り立たせることができますし、研究費を得ることもできます。

江戸時代でも、各藩が学校を開いていましたから、武士の身分になれば、そこで学び研究活動をすることができました。たとえば、水戸黄門として名高い徳川光圀は、藩のなかに『大日本史』という本格的な日本歴史を作り上げるための史局を設けました。東大には歴史を書き継いでいく史料編纂所がありますが、その先駆になるものです。

宣長の場合には、晩年に一時、紀伊藩に仕えたことはありますが、ほとんどの時期を市井の学者として過ごしました。つまり、医師として自分で稼いだ金で研究を進め、その成果、つまりは『古事記伝』などの著作ということになりますが、それも自前で出版していったのです。

ただ、そうした活動を続けていった結果、宣長の名は全国に知られるようになり、門人の数が増えました。門人は、授業料や謝金を支払ってくれます。宣長は対面での授業だけではなく、往復書簡を通しての通信教育も行っていました。したがって、最初は医療活動による収入が大半を占めていたのが、途中で逆転し、教育や出版活動から上がる収入の方が上回るようになります（これについては、白石克己「遠隔教育と対面教育の連携――本居宣長にみる教育と研究」『佛教大学総合研究所紀要』第一三号を参照しました）。

その点では、宣長は学者・研究職を職業とするようになったとも言えますが、それを求めて学問の道を突き進んだわけではありません。なにしろ『古事記伝』の場合には、執筆をはじめてから完成まで三四年もの歳月が経っています。学問に対する強い気持ちがなければ、そんな偉業は果たせません。

『古事記伝』が完成したとき、宣長はすでに六九歳になっていました。亡くなるのはその二年後です。果たして完成までこぎつけることができるのか。宣長自身、それを不安に思うようなこともあったに違いありません。

宣長は最初、『源氏物語』の研究からはじめます。そのなかで、「もののあわれ」に着目するようになったことはよく知られていますが、国学の先達にあたる賀茂真淵から勧められて『古事記』の研究をはじめるようになりました。

宣長は、人生のほぼ半分を『古事記』の研究に費やしたことになります。生涯をかけて研究するテーマを見出し、それを実践できたということで、宣長は学者として最高の幸福を手に入れたのではないでしょうか。

というのも、研究すべきテーマに出会うのは、これがなかなか大変なことだからです。

†何より難しいのはテーマを見出すこと

私も、これには苦労した経験があります。ヤマギシ会の特講については第八章でふれましたが、その後、私はヤマギシ会のメンバーになりました。ところが、途中で気が変わり、脱会して大学院に進学することにしました。

修士課程では、ヤマギシ会を含めた理想社会をめざす共同体の研究をしました。大正時代に、文学者の武者小路実篤がはじめた「新しき村」の運動との比較もしました。それで修士論文を書き上げたのです。

これは、私にとって是非とも研究したいテーマでした。ところが、博士課程に進学すると、それ以上、同じテーマで研究しようという気がなくなってしまいました。そこで、別の研究テーマを探そうとしたのですが、これが見つかりません。いろいろと模索はしたのですが、結局、一生をかけて研究したいテーマには、その時点では出会えませんでした。毎年宗教学会で発表していましたが、その時代、自分が何をやろうとしていたのか、今その要旨を読み返してみると、自分でもさっぱり分かりません。

博士課程を満期退学した後、当時あった放送教育開発センターという文部科学省の研究機関につとめ（センターはその後、放送大学に吸収されました）、遠隔教育や放送教育を研究する立場におかれました。しかしそれも、求められてのことで、自分が見出した研究テーマではありませんでした。

ようやく長く研究できるテーマを見出したのは、大学で宗教学を教えるようになってからです。新宗教の研究を本格的に行うようになりました。随分と悠長な話に思われるかもしれませんが、大学の教授のなかには、途中で研究テーマを見失ってしまい、論文を書かなくなるケースも結構あります。誰もが宣長のように、生涯をかけられるテーマと出会えるわけではないのです。

宣長が、どういった心境で『古事記』などの研究を進めていったのかは分かりませんが、テキストを読み進めることによって次々と新しいことが分かってきて、ひどく楽しい思いをしたのではないでしょうか。しかもそれを門人たちに語ることができたのです。

『古事記』で展開されているのは、古代の神々の物語です。宣長は、禍津日神のとらえ方に示されているように、神々が実在し、その影響は人間にも及んでいると考えていましたから、神々の世界が自分の目の前に開かれてくる体験をしたに違いありません。学ぶことは心底楽しいことだ。そうした心境にならなければ、三四年もの歳月をかけて『古事記』を研究できるはずはありません。

勉強については、みなさんに必ずしも好いイメージがないかもしれません。「学校での勉強は嫌いだった」、「受験勉強は辛かった」。そうした思いを抱いている人も少なくないはずです。たしかに学校での勉強や受験勉強となると、強制される面が強いので、好い思い出にはなりません。

私も、高校生のときには、かなり授業をサボりました。当時は、学生運動の影響もあり、自由が許されたこともあり、高校三年のときには、学校には行っても授業にはほとんど出ない日々を送っていました。図書館や部室に行き、受験勉強もしましたが勝手に時を過ごしていたのです。一日の最初の授業では出席を取るけれど、その後の授業では出席をとらないので、出席が足らないことにはなりませんでした。今なら難しいでしょう。

勉強が楽しいと感じられるようになったのは、大学に入ってからのことでした。

東大では、一、二年は駒場の教養学部に在籍することになります。主に一般教養の授業をとるのですが、こちらはだいたい面白くありません。語学も必修で、第二外国語など当時は二年まで二コマずつ履修しなければなりませんでした。

それでもフランス語は熱心に勉強しました。講師にも恵まれました。後に東大総長になる蓮實重彥をはじめ、芳賀徹、渡辺守章といった方たちが先生だったからです。

他に、「一般教養ゼミナール」という一単位のゼミがありました。これは、それぞれの先生が自分の関心に従って自由にテーマを選ぶもので、私は東大紛争についてのゼミや、日本とアメリカの育児書を比較することで社会化について学ぶゼミ、あるいはジャズ評論家の油井正一氏のゼミに出ました。東大紛争のゼミでは、裁判も傍聴に行きました。被告になった元学生たちは、法廷のなかで「ナンセンス」などと叫び出し、次々と退廷になっていったのを覚えています。

一番影響を受けることになるのは、二年生のときに受講した「宗教史」の授業で、「イニシエーション（通過儀礼）」をテーマに半年続きました。イニシエーションという観点は、私が宗教について研究する上でもっとも重要なテーマになりましたから、一生を決める授業でした。

†大人になってこその勉強の楽しさ

大人になってからも、楽しく勉強できる機会は幾度かめぐってきました。

なかでも、日蓮についての勉強会は長く続いただけに、強く思い出に残っています。勉強会がはじまったのは二〇〇三年のことですが、当時の私は日本最大の新宗教団体である創価学会について研究をしていました。たまたま、その時期にそうした勉強会があるのを知り、取り敢えず参加してみることにしました。創価学会の信仰の根本には日蓮の教えがあります。創価学会を研究するなら日蓮について知る必要があるのではないか。それが参加の動機でした。ただ、最後まで出席し続けるとは、その時点では考えていませんでした。

日蓮は鎌倉時代の僧侶になりますが、膨大な文書を残しています。それが「遺文」で、実際に日蓮が書き記したものを「真蹟《しんせき》」と呼びます。他に、ずっと真蹟が残っていたのに、明治時代に日蓮宗の総本山である身延山久遠寺《みのぶさんくおんじ》が火事に見舞われ、焼失してしまったものがあります。そちらは「曾存《そうぞん》」と呼ばれます。かつてあったということです。そうした真蹟と曾存だけでも相当な量があり、勉強会で使われたテキストは全体で九〇〇ページにも及んでいました。

これを最初から最後まで読み続けていったのですが、参加した当初の段階では簡単にはそれが読めません。鎌倉時代の文章で、仏教用語も頻出するからです。講師となった小松邦彰先生が、テキストを読み上げその解釈をしてくれるのですが、それについていくだけでも精一杯という状況でした。

勉強会は月一回で、毎回三時間くらい続いたのですが、少しずつしか進みません。途中、いったいいつになったら終わるのだろうかと計算してみたこともありますが、結局、読み終わるまで九年かかりました。

私は全部出席したわけではありませんが、八割は出席したのではないでしょうか。受講生のなかには、『法華経』を専門的に研究している松山俊太郎先生も含まれていて、毎回、小松先生に質問をするのですから、随分と贅沢な勉強会でした。お蔭で、勉強会が終わる頃には、日蓮の文章がそのままでもかなり読めるようになっていました。

もう一つ、楽しかった勉強会は、東大の先端科学技術研究センターで特任と客員の研究員をしていたときのものです。

私は政治学者の御厨《みくりや》貴氏の研究室に所属していたのですが、そこでは毎月勉強会が開かれていました。私も発表をしたことがありますが、主な発表者は、研究室周辺の院生や若手の政治学者や行政学者でした。

御厨氏は、自民党の組織にならって、自ら勉強会の総裁を名乗り、私は他のメンバーに比べてはるかに年上だったので顧問ということになりました。勉強会を取りしきった若手が幹事長で、途中で交代したように記憶しています。

この勉強会も五年半続きました。私は宗教学については長く学んできましたが、政治学の勉強はしていませんでした。その点で、勉強会に参加できたことはとても貴重な機会になり、最後の方になると、御厨氏の方から「島田さんの発言は、まるで政治学者のようだ」というお褒めのことばをいただくことができました。

どちらの勉強会に出席したことも、その後、私が宗教について研究を進め本を書く上で相当に役立ちました。

日蓮の遺文ならすべて読んでいるということは、研究を進める上での自信にもつながります。政治と宗教という問題は、最近でも頻繁に取り上げられる重要なテーマですが、政治学を学んだことは貴重な財産になっています。

そうした実利的な面もありますが、勉強会自体の楽しさを経験できたことの方がはるかに意味がありました。勉強すれば、新しいことを知ることができるようになるわけですから、楽しいに違いありません。

「蒙《もう》が啓《ひら》かれる」ということばがあります。蒙は無知ということですから、そこから脱していくことを意味します。世の中には、知らない方がよかったこともありますが、たいがいはそうではないでしょう。

新しいことを分かるようになると、世界や世間を見る目も変わってきます。少し自分が偉くなったような気がして自信もつきますし、新しく得た知識を人にも伝えたくなってきます。おしつけがましくなってしまうと、人に疎まれる恐れがありますが、

「なるほど」と相槌を打ってもらえれば、さらに楽しくなってきます。

学者、研究者の世界では、研究会や勉強会を開き、それに参加するのは日常のことです。それは自分の学問を向上させていく上で不可欠のこととなりますが、自分でも発表し、また人の発表に接することで、新しい世界が啓かれてくることに喜びを見出せるから続くのであって、楽しくなければ、参加しないでしょう。学術大会は学会とも呼ばれますが、「楽会」でもあるのです。

もちろん、その後の宴会や飲み会の方がはるかに楽しいという人もいるでしょうが、儀式に直会《なおらい》が続くのは日本の伝統でもあります。

†アウトプットにまさるインプットはない

研究者でない人たちにも、学ぶための機会はさまざまに用意されています。私はカルチャー・センターでも教えていますが、一般の人たちが学ぶための代表的な機会と言えるでしょう。

なかには、同じ先生の講義にずっと参加し続けている人もいます。私の父も、退職後、カルチャー・センターの考古学の講座にずっと通っていました。してきた仕事とはまったく関係のない分野ですが、考古学には強い関心を抱いていました。

カルチャー・センターの講座のなかには一回限りというものもありますが、何年も続くものもあります。とくに古典を読んでいく講座になると、そうした傾向がありま す。『源氏物語』を読み通すなどという講座もありますが、これなど、宣長が松坂で行っていた講義の現代版になります。

私が最初に勤めた放送教育開発センターは、放送大学と深いかかわりがあり、隣接していました。

ですから、開学したばかりの放送大学についても知っているのですが、放送大学は、最初は学生運動の起きない大学として構想されたところもありました。

また、開学当時は「生涯教育」ということが言われるようになっていて、いったん社会に出た後も勉強がしたい、研究がしたいという人たちを対象としていました。

放送大学も正規の大学ですから、四年で単位をとれば卒業ができます。一般の大学なら、それで終わりになりますが、放送大学の学生のなかには、卒業しても別のコースに再入学し、勉強を続ける人たちが少なくありません。全コースを卒業すると、学長から「名誉学生」として表彰される制度もあり、実際に表彰された人もかなりの数にのぼります。

名誉学生になるには、最低でも一四年かかります。最初は四年ですが、次のコースからは三年次に編入されるので二年ですみます。大学院もありますから、そちらで学ぶ人たちもいます。まさに放送大学は、生涯にわたって学び続けられる場になっています。

勉強を続ければ、脳が活性化した状態が続きます。それがどの程度認知症の予防などに結びつくかは分かりませんが、あまりそういう面を考えて勉強に励むのも本末転倒かもしれません。なにより楽しく勉強をする。それが大切です。

一二〇歳の大還暦を目標とする長い人生ですから、その間に、学ぶことの楽しさを知る経験をしないと、かなりもったいないのではないでしょうか。

働くことも重要で、生活を成り立たせるためには、何らかの仕事をする必要があります。仕事をする上でも、学ぶ作業は不可欠です。特に技術革新がめざましい現代においては、新しいことを身につけていかないと、致命的な遅れをとることにもなってしまいます。

その点で、私のような本を書く仕事は恵まれていると言えるでしょう。

「どうしてそんなに次々本を出版できるのか」と聞かれることもあります。たしかに、生涯に一冊も本を出さない人たちが大半ですから、二〇〇冊もの本を出している私などは特殊な事例になります。

本を書くためには、そのための準備が必要ですが、たくさん勉強してから本を書く作業に取りかかるわけではありません。もちろん、長く宗教について研究してきたので蓄積はありますが、新しいテーマで書くとなれば、それまでの蓄積だけでは足りません。

ただ、「アウトプットにまさるインプットの方法はない」というのが私が到達した考え方です。本を出すというアウトプットがあるからこそ、さまざまな情報を集めていくことになります。ただ漠然とインプットしても、情報の間につながりがないので、意味をなしません。本のテーマが決まっていることで、それに関連した情報を集めるようになるわけで、本を書けば書くほど、蓄積された情報の量は増えていきます。その分、本を書くスピードも上がってくるのです。

いろいろと情報が集まってくれば、それだけで楽しくもなってきます。私が本を書く仕事を続けられているのも、それが関連します。

情報を集める作業が楽しくなる上で、テーマを広げていくのも重要です。私も、本格的に本を書くことで生計を立てるようになってから、最初は新宗教を中心に扱っていましたが、次第に領域を広げ、神道や仏教、さらには世界の宗教全般を視野に入れるようになってきました。それによって刊行する本の冊数も増えてきたのですが、同時に、宗教全般についての知識も格段に増えました。何か調べるときには、自分の過去の本を検索することも少なくありません。そこに便利なデータベースができあがっているのです。

そうであれば、そうしたデータベースをもとに、最新のAIを使えば、手間をかけずに本が量産できるかもしれません。しかしそうなると、本を書き、情報を集める楽しみが失われてしまいます。それを手離すわけにはいかないのです。

第一〇章　どうやって学ぶのか

†宣長先生の勉強法

では、どうやって学んでいったらいいのでしょうか。

それについても、本居宣長は書いています。『古事記伝』を完成させた一七九八年に書き、翌年に刊行した『うひ山ぶみ』という書物においてです。「うひ」とは初めてということですから、初学者が学問の道にいかにして踏み出していったらよいのかを示した指南書であると言えます。

前の章で、宣長に多くの門人がいたことにふれました。とくに宣長が五〇歳代になってから急増し、亡くなったときには五〇〇名近くに達していました。

なかには、すでに学問に通じている門人もいたでしょうが、はじめて学ぶようになった門人も数多くいたはずです。それを踏まえ、宣長は『うひ山ぶみ』を執筆したのです。

そのなかでは、絶えず学び続け、努力を怠らないことの重要性が説かれています。宣長は、怠けて努力しなければ成果は得られないと言い、人によって能力に違いがあるため、成果も変わってくるとします。才能があるかどうかは生まれつきのもので、変えることは難しいけれど、諦めずに努力を続ければそれなりの成果が得られるというのです。

遅く学問をはじめた人でも、努力さえ惜しまなければ、意外に大きな成果を得ることができるとも述べられています。これは人生一〇〇年時代の現在には、大変役に立つ指摘でしょう。

宣長は、学ぶためのこころがまえについて記した後、具体的にどういった書物にあたればよいのかを紹介していきます。宣長が重視したのは、なんといっても『古事記』や『日本書紀』ですが、そのうちの神代、神話の部分についてはくり返し熟読することを勧めています。

ただ、『古事記』や『日本書紀』を読むこと自体が難しいので、まず宣長自身が著した『神代正語《かみよのまさこと》』を読んで、古語の発音に慣れるようにも指示しています。他にも参考文献がいろいろとあげられていて、『日本書紀』からはじまる日本の正史、「六国史」に目を通しておく必要があるとしています。

しかし、こうしたものは大部ですから、入門したばかりの人間が読み通すことは容易ではありません。宣長はその点を踏まえ、短いものから読み進めていくようアドバイスをしています。

宣長は、ほかにも学問をする上で必要な事柄を次々とあげていきますが、特徴的なのは、歌を理解することの重要性を強調しているところです。『古事記』や『日本書紀』を理解するには、まずは『万葉集』を読むべきだというのです。歌に通じていなければ、古代の日本人のもののとらえ方、感じ方を理解できないというのが、宣長が強調していることです。

もう一つ、宣長がくり返し強調しているのが、「漢意《からごころ》」をまじえずに、文章を理解していくことの重要性です。漢意は、宣長の思想を理解する上でもっとも重要なキーワードですが、中国からもたらされた儒教や仏教の考え方にとらわれず、理屈でものを考えるのではなく、古代の日本人のこころのありようを素直に読み取っていくべきだというのです。

漢意の考え方は、海外のものの考え方、とくに中国的な思想を排除するという点で、「排外主義」の性格をもっているとも考えられます。事実、そのように受け取られてきたところもあるのですが、「固定観念」から解き放たれることを説いたものとしてとらえるならば、その意味は変わってきます。

『万葉集』もそうですが、『古事記』や『日本書紀』が編纂された時代には、すでに儒教や仏教は日本に取り入れられていました。しかし、そうした書物が対象とした古代においては、少なくともそうした思想や教えは浸透していませんでした。宣長の言う漢意に従って、日本の人々が物事をとらえるようになるのは、後の時代になってからのことなのです。

宣長が説いた方法は、現在においても、日本の古典文学を学ぶ人には有効なはずです。ただ、そうした関心を持つ人たちは限られていますから、『うひ山ぶみ』に記されていることを、そのまま今に生かすのは難しいかもしれません。

ただ、『万葉集』や『古事記』、『日本書紀』などの原典にあたる必要があるとしている点は、今でも重要です。『万葉集』などの原典は、「一次資料」と呼ばれます。それに対して、『万葉集』について研究者が書いた論文があるとすれば、それは「二次資料」になります。一次資料は、対象とする時代に記された文献のことで、研究者の調査にもとづくデータなどもそれに含まれます。

†とことん一次資料にあたる

一次資料と二次資料の区別が難しい場合もありますが、宣長が説いているのは、一次資料に必ずあたり、それを読みこなしていくことの重要性です。

前の章で、日蓮の遺文を読んでいく勉強会のことについてふれましたが、日蓮を研究する上では、遺文はまさに一次資料です。

しかし、日蓮が重視した『法華経』の研究という観点からすると、『法華経』が一次資料で、日蓮の『法華経』についての解釈や見解は二次資料になります。

日蓮については、私も本を書いていますし、他にも膨大な研究や解釈が出回っています。日蓮について知ろうとしたら、最初に遺文にあたるよりも、そうした日蓮関係の書物に目を通すというのが普通でしょう。なにしろ、日蓮は鎌倉時代の人間で、予備知識もなく遺文を読んでいくのはやはり困難です。

しかし、二次資料の場合には、本や論文を書いた人間の解釈が含まれています。本や論文を書く目的自体が独自の解釈を施すことにあります。その解釈が正しいという保証はありません。

ですから、二次資料にばかり頼っていると、日蓮自身の思想や考え方から離れていってしまう危険性があります。解釈のなかには、事実を誤認したようなことも含まれている可能性があります。それを真に受けてしまうと、とんでもない誤解をしてしまいます。

誰にとっても分かりやすい一例をあげましょう。

経済学の父と言われるアダム・スミスのことばとして、「神の見えざる手」は有名です。これは、市場には自動的な調整の機能があり、最適なところに落ち着くのだから、市場に任せておけばいいという主張として理解されています。その点を強調したのが、現代では、一九八〇年代以降の「新自由主義者」たちです。その点では、アダム・スミスの考え方は、現代の経済政策にも重大な影響を与えていることになります。

ところが、これは、拙著『金融恐慌とユダヤ・キリスト教』(文春新書)で詳しく述べたことですが、スミスはその主著である『国富論』のなかで、神の見えざる手という言い方をまったくしていません。「見えざる手」ということばは出てきますが、手は神とは関連づけられていません。しかも、見えざる手が出てくるのはわずか一箇所です。それは、『国富論』の前に書かれた『道徳感情論』でも同様で、見えざる手(翻訳では「見えない手」)が一度だけ出てきます。スミスは、神の見えざる手などとはまったく言っていないのです。

そもそもスミスは、「理神論《りしん》」の立場にたっていて、神への信仰を理性にもとづいてとらえようとした人物です。したがって、彼のなかから、神の力を絶対視するような考え方が生み出されてくるはずはないのです。

にもかかわらず、日本有数の経済学者であってさえ、スミスは神の見えざる手と言っているとして、重大な間違いを犯してしまっています。

経済学者なら、『国富論』という一次資料にあたっているはずです。それでも、そうした間違いを犯しているのです。まして、二次資料にばかりあたっていれば、それが過ちだとは気づきません。

研究者の場合、論文や学術書を書いていく際に、書いたことの根拠を求められるので、参考にした史料や書物をあげていきます。ただ、根拠となるものがあればいいわけで、それが一次資料か二次資料かは必ずしも問われません。

私は、本を書き進めていく際に、できるかぎり一次資料にあたるようにしています。そういう癖をつけると、二次資料だけにもとづいて書くのは不安になります。

昔の文章になると、たとえ日本語でも現代語訳でないとなかなか読めません。『古事記』など、宣長が三四年もの歳月をかけて、ようやく読み解くことができたわけですから、今私たちが原文にあたっても、到底理解はできません。

ただ、日蓮の遺文を読み進めていった経験をもとにするなら、本人が書いた文章をそのまま読むことが、著者の人間性を理解することに大きく貢献するのは間違いありません。

過去の歴史上の人物については、その実際の姿に接することは多くの場合容易ではありません。人間性を感じさせるような史料が残っていないからです。

源義経の存在はよく知られていますが、本人が書いたものとしては書状が二通あるだけです。しかもそれは短い報告書で、とてもそこから義経の人間性を知ることはできません。

私たちが知っている義経は、その死後に作られた伝記や物語に描かれたものです。代表的なものに『平家物語』や『義経記』がありますが、後世に脚色され、潤色された部分がほとんどを占めています。

その点で、日蓮は貴重な存在です。平安時代の菅原道真の場合にも、数多くの漢詩を残していて、そこに詩が詠まれたときの道真の気持ちが示されていて、彼がどういった思いを抱いていたのかを知ることはできます。そういう人物は、かなり珍しいのです。

†ある人物の一生をたどってみる

日蓮の場合には、伊豆と佐渡に流罪にあった後、身延山になかば幽閉されることになります。日蓮が鎌倉にいれば、念仏宗とのあいだで騒動が起きかねないと、幕府から警戒されたためです。

身延山には、日蓮を慕って集まってきた門弟たちも多く住んでいました。そのあまりの多さを日蓮が持て余していたことが、身延山で書いた書状から分かります。

書状は、各地域にいる門弟や信徒から食べ物や金銭を贈られたことに対する礼状で、礼を述べた後に、日蓮は仏典や中国の古典をもとにしながら教えを説いています。そのなかには、息子を亡くした母親を丁重に慰めるものがあります。日蓮というと、戦闘的な宗教家というイメージが強いかもしれませんが、決してそれだけではないのです。

日蓮の遺文を読んでいったとき、勉強会では、もっとも古いものから順にあたっていきました。最後、日蓮は病にかかりますが、その段階になると、自分では文章を書くことができず、門弟が代筆しています。常陸国に湯治に行こうとするのですが、途中で亡くなってしまいます。亡くなったところに建っているのが、日蓮宗の大本山である池上本門寺です。

日蓮の遺文を順に読んでいくと、日蓮自身がどのような足跡をたどったかも理解できるようになってきます。考え方や思想についても、その時間的な変化を追うことができます。それによって、日蓮についての理解は深まってきます。その点で、著作物を順に追うという作業はとても重要です。

私は子どものころにシャーロック・ホームズの物語を読んでいったことがあるのですが、物語の年代に矛盾があるという話を聞きました。この年にホームズはロンドンにいないはずなのに、別の話ではロンドンにいることになっているのです。このことに興味をもった私は、改めてシャーロック・ホームズの物語を書かれた順番に読んでいきました。

研究者を志すようになったときにも、同じやり方をしたことがあります。私の宗教学の先生の、さらに先生にあたる人物に岸本英夫がいました。東大の図書館長として戦争で荒廃した図書館の復興に功績があった人でもありますが、癌にかかり、その闘病記が死後に『死を見つめる心』（講談社文庫）として出版されたことでも知られています。

大学院のゼミで、日本の宗教学者を分担して研究することになり、私は岸本を選びました。そして、岸本が書いた書物や論文、エッセーを年代順に読んでいったのです。その作業をするなかで、発見したことがありました。『死を見つめる心』にはおさめられていないエッセーがあるのですが、アメリカで癌が発見され、その告知を受けた日に、好きな碁を打っても何の興味もわいてこなかったと述べているものです。『死を見つめる心』を読むと、岸本は癌にかかっても平静を保ち続けたかのように思えてくるのですが、実はそうではなかったのです。

それも、岸本の著作を年代順に追っていくために、すべての文章を探し出そうとしたからです。こういう発見ができたときには、爽快な気分にもなってきます。

もう一つ大切なことは、やはり現地に赴くということでしょう。

†官能的と評される仏がなんと

今では、さまざまな形で情報を手に入れることができるようになっていますから、現地に赴かないでもかなりのことが分かります。

たとえば、ある神社のことを調べるとしたら、まず、その神社のサイトにあたり、ウィキペディアにもあたれば、かなりのことは分かります。

その神社について書かれた書物を読めば、さらに多くの情報も得ることができるはずですが、ウィキペディアは、項目によって内容の豊富さにかなりの違いはありますが、さまざまな文献にあたって記述されているものもあります。そうなると、たちどころにその神社の全体像を把握できるようになります。

しかし、書物の場合にもそうですが、著者はそれぞれが自らの独自な観点に従って書いているので、すべてのことに目配りができているわけではありません。抜け落ちている部分もあります。そうなると、やはり現地に赴いて、実際の神社の姿に接してみないと分からないことが少なくないのです。

私は神社を訪れた際、必ずぐるっと境内を一周してみます。小さな神社でも、拝殿の前で拝礼するだけではなく、その横を通り本殿の裏にまで行ってみます。すると、摂社《せっしゃ》、末社《まっしゃ》だけではなく、さまざまなものが祀られているのに接します。石碑の類も少なくありません。そうしたものが、その神社の由緒や歴史に深く結びついていることもあるのです。

これは、比較的よく知られていることかもしれませんが、出雲大社の場合、本殿の左の方、方角的には西側にまわってみると、そこに小さな遥拝所《ようはいじょ》が設けられています。昔はなかったようですが、西側から拝礼をする人が増えたことで設けられたようです。

なぜ、西側からなのでしょうか。

実は、出雲大社の本殿の内部には神座《しんざ》が設けられています。これは出雲大社の神職である出雲国造《いずものくにのみやつこ》など以外には見ることができないものですが、神座は小さな社になっています。つまり、出雲大社の本殿は一般の神社なら境内にあたるもので、本来はその内部で祭祀が行われるのです。実際、江戸時代や明治時代に描かれた図や絵画を見ると、本殿のなかで祭祀が行われたことが分かります。

もう一つ、これは最近のことですが、伊勢神宮にある内宮磐座《ないくういわくら》と呼ばれるところを訪れました。私はこれが伊勢神宮の原型にあたるものではないかと考えているのですが、これまで立ち寄ったことがありませんでした。

出張からの延長で、そこを訪れることができたのですが、タクシーでその近くまで行き、下りてみると、そこに独特の気配が漂っているのを感じました。神聖で神秘的とも表現できますが、むしろすべてを包みこむような大きさ、おおらかさを感じました。

もちろんこれは、個人的な印象であって、そう感じたからといって、それが何かを証明しているわけではありません。

けれども、現地を訪れたからこそ感じられたもので、写真を見るだけでは、それはまったく分からないのです。

仏像についても同じことが言えます。

私は以前に『日本宗教美術史』(芸術新聞社)という本を書いたことがあり、国宝に指定された仏像はどれも、絶対に拝観がかなわない「絶対秘仏」を除いて、最低一度はその姿に接しています。

絶対秘仏とされたものとしては善光寺や浅草寺の本尊などがありますが、国宝に指定されているのは京都の東寺、御影堂《みえいどう》の不動明王像だけです。写真は公開されていますが、よほどのことがない限り、拝観はかないません。

絶対秘仏ではなくても、秘仏とされるものは滅多に拝観できません。一年に一度、ある時期だけ拝観できるものが少なくないのですが、なかには七年に一度、あるいは一二年や二一年に一度といったものもあります。

いつ開扉されるか、時期が定まっていないものもあります。天台宗寺門派の総本山である園城寺は、三井寺とも呼ばれますが、そこに安置されている新羅明神像などは滅多に開扉されません。私は、二〇〇九年にサントリー美術館で開かれた「国宝三井寺展」（大阪市立美術館でも開催されています）で拝観できましたが、五〇年ぶりとのことでした。それ以来、開扉されていませんし、次にいつ開扉されるのか、その見通しは今のところありません。

二一年に一度開扉されるのが、高野山の麓にある至尊院の弥勒菩薩像です。私は二〇一五年に、これを拝観するためにわざわざ至尊院を訪れましたが、像まではかなり遠く、しかも針金越しだったので、とても拝観できたとは言えない状況でした。残念な思いしか残っていません。

一年に一度開扉される仏像で強く印象に残っているのが、大阪の観心寺の如意輪観音像です。一度、秘仏とは知らずに訪れ拝観できなかったのですが、改めて年に一度開扉される四月に訪れ、実際に目にすることができました。

彩色がよく残っている六臂《ろっぴ》(手が六本あるということです)の如意輪観音像は、官能的と評されることが少なくありません。たしかに写真を見るとそのような印象を受けるのですが、実際に接してみると、むしろ母性を感じました。これも、あくまで私個人の感想になるのですが、その経験をもとにすると、仏像の専門家でも、この仏像を実際に見てはいないのではないかという疑いを持つようになりました。誰かが官能的と表現したのが、そのまま引き継がれてしまっているのです。

†生涯をかけられる真のテーマとは

そうした経験をすると、実際に見ないまま書くことがどうしても難しくなってきます。これは、『日本宗教美術史』を書いている最中のことですが、平泉にある中尊寺の金色堂について原稿を書くところに差しかかりました。

中尊寺は、その十数年前に訪れていたはずでした。しかし、はっきりとした記憶がありません。それでは書くことができません。たまたま福島の郡山で講演する機会があり、その帰り、北上して中尊寺を訪れました。一月下旬のかなり寒い日のことでした。

実際にその姿に接したからといって、すぐさまその全貌が理解できるわけではありません。しかし、接するかどうかで対象に対するとらえ方が大きく変わってくることも事実です。

とくに写真となれば、そこに写されるのは二次元の平面的な姿です。三次元の立体的なものではありません。しかも、写真はいくらでも加工できます。実際に自分で撮影し、ソフトを使って加工してみればわかりますが、まったく印象が異なるものに仕上がることは珍しくありません。

これが人物ということになると、なおさらです。実際に会うのと会わないのとでは、受ける印象は大きく違います。なるべく人に会う。これもかなり重要なことです。

私は新宗教について研究してきたわけですが、それぞれの教団がどのようなものなのか、外側から見ていくことには限界があります。

そのため内部の人間と会う必要が出てくるのですが、いろいろと問題を起こしているような教団の場合には、内部の証言だけではまったく不十分で、その教団から抜けてきた人間などにも話を聞かなければなりません。

それでも、いったいどこまで真実に迫れるのか。これはとてつもなく難しい事柄になってきます。

そうしたことはともかく、何かを学んでいくというときに、もっとも肝心なのは何をテーマとするかです。

専門家でない人間が学ぶということであれば、格別テーマをしぼる必要もないかもしれません。興味が赴くままに学んでいけばよいのです。

しかし、一つのテーマを見出しそれを深めていくならば、新しい発見もあり、得られるものは少なくありません。

テーマは、本人にとって切実なものでなければなりません。どうしてもこれを学び、深めていかなければならないという強い動機がなければ続きません。どこかで飽きてしまいます。テーマ選びがいかに難しいかについては、前の章で私自身の例を紹介しました。

テーマが自分にとって切実なものであるとしたら、それを見出していく作業は、自分自身を探っていくことを意味します。いったい自分のなかに何があるのか。私は今までどういった経験をしてきたのか。そうしたことがテーマ選びに大きく影響してきます。

逆に言えば、自分がもっとも関心のあるテーマを探り出していくことは、自分を知ることにつながります。自分を知るのは意外に難しいことですが、自分にとって切実で重要なテーマを見極めていくことが、それに結びつく可能性はあるのです。

岸本英夫についてふれましたが、岸本は、もともとは神秘主義の研究をしており、インドのヨーガの古典である『ヨーガ・スートラ』について研究をしました。博士論文も、その研究がもとになっています。そこから日本の神秘主義ということで修験道の研究にも手を伸ばしたのですが、そちらは成果もあげられないまま終わってしまいました。

むしろ癌の宣告を受け、手術後も再発の恐れを感じ続けていたため、死の問題をテーマとするようになり、それに関連する論文やエッセーをいくつも書いています。

そのなかで、「死は別れのとき」という認識に到達します。ことばとしては平凡ですが、当時は不治の病とされることの多かった癌を患った経験が、そこに深くかかわっていると考えると、受け取り方も変わってきます。岸本は、自らの癌体験を通して、生涯をかけて取り組むべきテーマを見出したのだとも言えるのです。

おわりに

†「生涯現役」でありたい

死ぬまで学び続ける。

それを実践した人がいます。第九章でふれた松山俊太郎先生です。

松山先生は大腸癌のため二〇一四年五月一一日に亡くなっていますが、その前に世田谷区内の病院に入院されていました。

病は重く、胃瘻《いろう》をしなければ生き続けられない状態になりました。先生には家族がいなかったため、お弟子さんの判断で胃瘻をしました。

胃瘻は延命処置ですから、それまでの私はそこまでの必要はないのではないかと考えていました。ところが、松山先生の姿に接して、必ずしもそうとは言えないと考えるようになったのです。

というのも、胃瘻をされた先生は、依然として入院したままですが、元気を回復され、病院のベッドの上で読書や研究を続け、原稿さえ書いていたからです。お見舞いにうかがったときには、入院する前と同じように『法華経』について熱心に語っておられました。

その後、こうした状態がいつまで続いたのかは分かりません。亡くなる直前、容態が悪化したと聞き、また見舞いにうかがったのですが、病室に行ったらベッドはからになっていて、その日の朝に亡くなったということが分かりました。

人の最期は、第五章で述べたとおりで、亡くなる直前まで研究や執筆を続けることは不可能です。しかし、松山先生は、それに近い状態だったのではないでしょうか。亡くなった後も、極楽に咲く蓮の上に座り込んで、研究三昧の生活を続けているのではないか。そのように感じられてなりませんでした。

長く役者をつとめてきた人間が言うのは、「舞台の上で死ねたら本望」ということです。実際、舞台で倒れそのまま亡くなってしまう役者もいます。

一般の人であるなら、「生涯現役」がそれにあたるでしょう。自分がやるべきことが最期まであり、それをまっとうする。現代のように、人生が長くなった時代にはとくにそれが望まれるのかもしれません。

このことに関連すると思われるのが、スペインのバルセロナにあるサグラダ・ファミリアのことです。これは、有名な建築家、アントニオ・ガウディの作品として知られ、世界遺産にも登録されています。ただ、最初にその工事に携わったのは別の建築家で、もめて辞任した結果、当時は無名のガウディが引き継ぐことになりました。

着工されたのは一八八二年で、ガウディは一九二六年に亡くなるまで工事にかかわりました。すでに着工から百数十年が経っていますが、未だに完成していません。永遠に完成には至らないのではないか。そのように思われていたかもしれません。

ただ、最近になって、最先端の技術を導入することで工事が大幅に進み、一時は、ガウディ没後の一〇〇年の二〇二六年に完成すると発表されました。

ところが、コロナの流行があり、二〇二六年の完成は無理だとされています。しかし、工事はかなり進んでいますので、遠からず完成することでしょう。

けれども、そこに大きな問題があります。

なかなか完成にこぎつくことができないのは、膨大な資金を必要とするのに、それが集まらなかったからです。しかも、ガウディの死後にスペイン内戦が起こり、設計図など重要な資料が散逸してしまいました。設計図もなしに、一八基の巨大な尖塔を持つ教会堂を建てるのは困難です。

†「私のクライアントは完成をお急ぎではない」

ただここで注目しなければならないのは、サグラダ・ファミリアについてのガウディのことばです。ガウディは、「サグラダ・ファミリアの建設はゆっくり進む。なぜなら、私のクライアントは完成をお急ぎではないからだ」ということばを残しています。ここで言われるクライアント、依頼主は神のことです。神は完成を急いでおらず、だからこそ工事はゆっくりと進んでいくというのです。

普通なら、建築物は完成してこそ意味があります。サグラダ・ファミリアはキリスト教カトリックの教会ですから、そこでミサを行い、信者が礼拝することが目的になっています。その点では、完成しないと意味がないのです。

では、ガウディのことばをどのようにとらえればよいのでしょうか。

私は、二〇一五年に日本で公開されたドキュメンタリー映画『創造と神秘のサグラダ・ファミリア』を観たときに、ガウディの真意を理解できたように思いました。サグラダ・ファミリアは巨大な建築物の工事ですから、そこには多くの職人がかかわっています。映画に登場した職人のなかには、親から、あるいは祖父母の代から工事に携わっているという人々がいました。彼らにとっては、サグラダ・ファミリアの工事に携わることは家の仕事、家業でもあるのです。

一般の建築物なら、完成までに一〇〇年以上かかったりはしないので、そんなことは起こりません。しかし、サグラダ・ファミリアが聖なる家族を意味するスペイン語であることを踏まえると、家族ぐるみで代々工事に携わっている重要性が見えてきます。

果たして、ガウディがそれを意図したかどうかは分かりません。しかし、職人の家族にとっては、サグラダ・ファミリアは生活の場であり、そこにかかわることが人生そのものなのです。

親は子どもに技術を教え、子どもは次第にそれに習熟していきます。そして、今度は自分の子どもにそれを伝えます。工事に携わる間にさまざまな経験をするわけで、それは家族のなかで共有され、家族の絆を強化することに結びつきます。工事が完成するということは、こうした機会が失われることを意味するのです。

ガウディが「私のクライアント（神）は完成をお急ぎではない」ということばを、どこから得たかは分かりません。直接神の声を聞いたのでしょうか。その可能性もありますが、建築家として工事に携わるなかで、そうした思いが湧いてきたのではないでしょうか。

ガウディの作品のなかには、未完成に終わった建築物もありますが、大半は完成にこぎつけています。その点でサグラダ・ファミリアは、彼にとって特別な建築物だったはずです。工事を進めても、あまりに巨大過ぎて遅々としてはかどらない。いったい完成できるのだろうか。そんな思いが生まれたはずです。

完成しない建物の建築にかかわることに、何の意味があるのか。そうした疑問を抱いたとき、完成するより大切なことがあるのではないか。ガウディはそれに気づいたのです。作業自体が神の示した道に従うことであり、それには終わりがないのです。キリスト教では、「永遠の命」を強調しますが、ガウディは工事を続けることにこそ永遠の命が宿ると気づいたのではないでしょうか。

どのような職業でも、成果を出すことが求められます。顕著な成果をあげることができれば、周囲から評価されますし、自分でも満足できます。職人なら、自分が携わった建築物が完成に至ることは大いなる喜びであるはずです。

しかし、一つの仕事が終われば、職人も別の仕事に移っていかなければなりません。完成という成果も大切でしょうが、建物の仕事自体はずっと続きます。

仕事があり続けることがいかに重要か、私はそれを強く感じています。

私は、オウム真理教の事件が起こり、大学を辞めざるを得なくなった後、一〇年近くにわたって仕事がほとんどない状態が続きました。

本を書く仕事が安定して入ってくるようになったのは、二〇〇四年に『創価学会』（新潮新書）を出し、それが一〇万部を超えるベストセラーになってからのことです。

そうした経験をしていると、「仕事があるだけありがたい」と思うようになります。

仕事がない間は経済的に苦しく、年収が一〇〇万円台ということも珍しくありませんでした。ですから、よほどのことがなければ、仕事を断ったりはしません。

では、サグラダ・ファミリアが、それほど遠くない将来に完成したとして、職人たちはどうなるのでしょうか。職を失うことになるのでしょうか。少なくとも、教会の建築に携わる機会は失われます。

コロナで完成が遅れていることについても、ガウディならそこに依頼主である神の意志を感じるのではないでしょうか。やはり急ぐ必要はないのだと。

†「長く続けられるかどうか」が重要

ただ、工事があまりに長く続いたため、初期に行われた部分については、建築と平行して修復の作業が進められています。その点では、完成後も職人が携わる余地があります。途方もない巨大建築物ですから、維持することに多くの労力をさかなければなりません。

今、東京都心を歩いてみると、高層ビルであっても解体途中であったり、その予定になったりしているものを数多く見かけます。高層ビルが建ち並ぶようになったのは一九七〇年代以降でしょうが、五〇年程度しかもたないのです。一九八三年に開業した赤坂プリンスホテルの新館などは、二〇一二年から解体されました。三〇年ももたなかったのです。

サグラダ・ファミリアが仮に完成したとして、それはどれだけもつのでしょうか。三〇年、あるいは五〇年で解体されることはないでしょうが、現代の建築技術が使われているところに意外な弱点があるかもしれません。

その点はともかく、サグラダ・ファミリアは、スペインがキリスト教の国であり続けるあいだは、バルセロナの街のシンボルとしてその偉容を誇ることになるでしょう。永遠の建築物と考えられているかもしれません。

サグラダ・ファミリアと東京都心の高層ビルを比較するとき、そこには時間の流れの違いが示されています。高層ビルは、建設された当初は偉容を誇っていても、比較的短いあいだに老朽化し、建て替えられていきます。工事期間も、サグラダ・ファミリアに比べればわずかなものです。少なくとも、代々同じビルの建設に携わる家族などあり得ません。

それは、現代の日本社会における仕事全般についても言えることです。戦後の社会では、企業などに雇われる人たちが急増しました。たしかに、サラリーマンになった方が経済的に恵まれる可能性が大きいからです。

しかし、サラリーマンという職業は、親から子へと受け継がれていくものではありません。親も子どももサラリーマンだというケースは多いでしょうが、同じ企業に勤務すること自体が希です。親が退職した後、その仕事を子どもが継ぐなど、ほとんど考えられません。そして、親も子も定年になれば退職し、職場から去っていきます。

大学には名誉教授の制度があり、定年後、一定の基準を満たしていると大学から名誉教授の称号を贈られます。企業でも、以前は、退職者を優遇するところもありました。私が知っている例では、大手の広告代理店が本社の最上階に退職者が集うクラブを設けていることがありました。

今でもそうした企業はあるのでしょうが、多くの退職者は定年を境に、それまで働いていた企業との関係が切れてしまいます。仕事も日常的な人間関係も、そこで大きく変わってしまうのです。

せいせいするという面はあるでしょうが、老後が果てしなく長くなった今の時代には、何か大切なものを失ってしまったという感覚になってくるのではないでしょうか。

子どもが仕事を受け継いだのであれば、親はその姿を見守り、技術が正しく伝わっているのかどうかに気を配ります。子どもが継いでくれても、親がする仕事もあるはずです。サグラダ・ファミリアの職人家族と同じ状況がそこにはあります。

サラリーマンであれば、必ずしも結婚し、家庭を設け、子どもを産む必要はありません。職人の場合も、その点で本質的には変わらないとも言えますが、蓄積してきた技術があるわけで、それを誰かに伝えなければ、いかにももったいないと感じられることでしょう。伝える相手は弟子でもよいわけですが、どちらにしても、そこに濃密な人間関係が生まれます。その人間関係は長い時間をかけて醸成されてくるもので、いつまでもそれは続いていきます。受け継がれていく仕事につけるということは、それだけで幸福なことなのかもしれないのです。

長く続けることができる。

人生が長くなった時代には、この点が重要になってきます。仕事でも趣味でも、そして学ぶことでも同じです。

いったい、これからどういう人生を送っていくのか。どこかの時点で、私たちはそれをじっくりと考えてみる必要があります。そのためには、この本で試みたように、死を出発点にし、それを踏まえて人生のありようを見つめ直していかなければならないのです。

ちくま新書
1747

大還暦《だいかんれき》
——人生《じんせい》に年齢《ねんれい》の「壁《かべ》」はない

二〇二三年九月一〇日　第一刷発行

著者　島田裕巳（しまだ・ひろみ）
発行者　喜入冬子
発行所　株式会社　筑摩書房
東京都台東区蔵前二-五-三　郵便番号一一一-八七五五
電話番号〇三-五六八七-二六〇一（代表）
装幀者　間村俊一
印刷・製本　三松堂印刷　株式会社

ISBN978-4-480-07579-6 C0214